Maigrir en santé

Couverture
- Photo:
  PHOTOGRAPHIE QUATRE PAR CINQ INC.
  TOM GRILL
- Maquette:
  GAÉTAN FORCILLO

Maquette intérieure
- Conception graphique:
  JEAN-GUY FOURNIER
- Illustrations:
  SERGE GABOURY
- Dessins:
  MICHEL-GÉRALD BOUTET

DISTRIBUTEURS EXCLUSIFS:

Pour le Canada:
AGENCE DE DISTRIBUTION POPULAIRE INC.*
955, rue Amherst, Montréal H2L 3K4 (tél.: 514-523-1182)
*Filiale de Sogides Ltée

Pour la France et l'Afrique:
INTER-FORUM
13, rue de la Glacière, 75013 Paris (tél.: 570-1180)

Pour la Belgique, la Suisse, le Portugal, les pays de l'Est:
S.A. VANDER
Avenue des Volontaires 321, 1150 Bruxelles (tél.: 02-762-0662)

Denyse Hunter
diététiste

Maigrir en santé

LES ÉDITIONS DE L'HOMME *

CANADA: 955, rue Amherst, Montréal H2L 3K4

*Division de Sogides Ltée

Bibliothèque nationale du Québec
Dépôt légal — 4e trimestre 1981

ISBN 2-7619-0183-5

Remerciements

Maigrir en santé *a été réalisé grâce à la collaboration de plusieurs personnes que je tiens à remercier chaleureusement.*

Je remercie tout spécialement madame Louise Lambert-Lagacé pour ses précieux conseils et son encouragement. Je lui suis reconnaissante d'avoir révisé le manuscrit et d'avoir accepté de préfacer l'ouvrage.

Je remercie Serge Gaboury qui a largement contribué à l'originalité du livre par ses dessins représentatifs et humoristiques.

Maigrir en santé *est également le fruit d'un travail familial. Merci à:*

Raoul Hunter, pour ses conseils au sujet des illustrations.

Jacinthe Caron, ma cousine, qui a soigneusement dactylographié le manuscrit.

Louise Hunter, ma tante, qui a révisé et corrigé le texte, et dont les commentaires m'ont beaucoup aidée.

Mes deux cobayes préférés, mon mari, Germain Guimont, et tante Louise, qui ont jugé les recettes publiées au dernier chapitre et qui m'ont encouragée pendant la rédaction de ce livre.

Merci à mes amis Suzelle, Huguette, Henri, Hélène et Pierrette pour les témoignages publiés au premier chapitre.

Je remercie également toute l'équipe des Éditions de l'Homme qui a travaillé à la réalisation de ce livre.

Préface

Au moment d'écrire cette préface, deux livres portant sur des "régimes miracles" occupent les premiers rangs du palmarès des best-sellers américains. Un fait divers qui reflète assez fidèlement notre société devenue victime de la valse des livres perdues... puis vite reprises. On cultive l'obsession de la minceur; on fuit les aliments en ayant recours au jeûne, aux protéines liquides ou aux repas dans un verre. On mise sur des solutions rapides et on ne prête pas souvent l'oreille aux règles du bon sens et de la bonne alimentation.

Dans *Maigrir en santé*, Denyse Hunter renverse la vapeur. Elle ne lance pas un nouveau régime amaigrissant, mais elle offre plutôt une foule de conseils absents des régimes traditionnels; elle complète l'enseignement du médecin, de la diététiste et du psychologue.

Dans un style très personnel, Denyse Hunter propose un moment de réflexion qui colle à la vie quotidienne. Elle guide le lecteur vers un **grand ménage des habitudes alimentaires** et lui montre comment faire de meilleurs achats, comment alléger des recettes populaires, comment faire face aux repas offerts dans les restaurants ou dans des occasions spéciales.

Denyse Hunter travaille depuis cinq ans dans le cadre d'un CLSC (Centre local de services communautaires) à Saint-Jean-Port-Joli et elle rencontre régulièrement des gens souffrant d'un excès de poids. Elle connaît leurs problèmes et les questions qu'ils se posent. Le programme de cours qu'elle a mis au point à leur intention a récemment été retenu par le ministère de l'Éducation du Québec et sera bientôt dispensé aux adultes à travers la province.

Rédactrice régulière de chroniques alimentaires dans des journaux locaux depuis 1974, Denyse Hunter choisit des termes simples et imagés pour transmettre son message.

Maigrir en santé ne peut que faciliter une **perte de poids** tout en permettant un **gain** de connaissances sur l'alimentation.

18 septembre 1981

Louise Lambert-Lagacé,
diététiste conseil

Introduction

Maigrir. C'est le rêve d'une multitude de gens. Selon les statistiques, 50 pour cent de la population canadienne souffrirait d'obésité. Mais pourquoi est-ce si difficile de perdre du poids? Les influences extérieures y sont pour beaucoup: notre entourage immédiat, les réunions sociales ou familiales auxquelles nous prenons part, sans oublier la publicité consacrée à la nourriture.

Maigrir en santé, c'est encore plus difficile. Les journaux, les revues, la radio et la télévision nous proposent une gamme de régimes tous plus farfelus les uns que les autres; les résultats sont la plupart du temps bien médiocres et, souvent, notre santé en souffre. Vous constaterez que la mauvaise réputation qu'on fait à certains aliments n'est fondée que sur des mythes.

Ce livre vous permettra de faire un choix judicieux des aliments qui composent vos repas quotidiens d'une façon tout à fait originale: le Guide alimentaire du centre commercial, le Domaine de la santé, vous accompagnera au supermarché Silhouette pour vous aider à faire vos provisions et équilibrer votre régime amaigrissant.

Le régime Silhouette vous donnera aussi quelques conseils pratiques sur la façon de bien se nourrir au casse-croûte, au restaurant, et lors de réceptions, en plus de vous suggérer des repas substantiels et nutritifs à mettre dans votre boîte à lunch ou dans votre panier à pique-nique. Il vous propose également une vingtaine de recettes silhouette, toutes savoureuses, faciles à préparer et faibles en valeur calorique.

Ce livre ne s'adresse pas seulement aux personnes qui ont un excès de poids, mais à toutes celles qui veulent tout simplement apprendre à bien manger. De plus, il est facile à lire et à comprendre et il s'adresse à tous les groupes d'âge. Les illustrations, les dialogues et le style parfois humoristique vous captiveront du commencement à la fin.

Le régime silhouette est plus qu'un régime, c'est un mode d'alimentation équilibré. Essayez-le. Vous n'avez rien à perdre... sauf quelques livres.

Chapitre 1

Le grand ménage des habitudes alimentaires

Maigrir: ça coûte combien?

Si vous accusez un excès de poids, ce chapitre peut vous aider à perdre les kilos qui nuisent à votre bien-être. Mais, je le répète, il ne s'agit pas d'un régime miraculeux qui vous fera maigrir sans effort. Bien entendu, il faudra vous priver de certains aliments que vous aviez l'habitude de manger; ce sera un peu difficile au début, mais si vous avez pris la décision de maigrir, c'est que vous êtes prêt à faire quelque chose pour atteindre votre but. On n'obtient rien sans y mettre le prix. Si vous voulez vous procurer un bien, une auto neuve par exemple, il vous faut débourser une certaine somme d'argent pour l'acquérir; Vous devez donc vous priver, jusqu'à un certain point, et faire des économies. C'est la même chose si vous voulez perdre du poids; malheureusement, une bonne santé et une belle taille ne s'achètent pas avec de l'argent. Néanmoins, tout se paie et vous devrez vous priver des aliments qui vous ont fait tort. Finalement, lorsque vous achetez l'auto dont vous rêviez depuis longtemps, vous ne regrettez pas d'avoir renoncé à d'autres biens en faisant des économies, n'est-ce-pas? Ainsi, lorsque vous aurez atteint le poids dont vous rêviez depuis longtemps, vous ne regretterez pas d'avoir fait des efforts de volonté en renonçant à certains mets.

Il est possible que vous trouviez cela un peu cher au début mais, la santé est un bien qui vaut cher. Suivre un régime équilibré, c'est un investissement sûr, un placement qui rapporte de gros intérêts: santé, bien-être général et satisfaction personnelle. Alors, ça vaut le coup? Êtes-vous prêt à signer le contrat?

Contrat minceur

À la page suivante se trouve le contrat minceur que j'ai préparé à l'intention de ceux et de celles qui veulent perdre du poids. En tant que diététiste, je peux vous aider en vous donnant des conseils et des suggestions, mais je ne peux pas maigrir à votre place. Il faut que vous fassiez votre part. Les diététistes ne sont pas là pour faire maigrir les gens mais bien pour les aider à maigrir. C'est pour cette raison que le contrat minceur n'est valide qu'à la condition que les deux parties — vous et moi — respectent leurs engagements. Avant de le signer, lisez-en bien toutes les clauses pour savoir exactement à quoi vous vous engagez.

Après avoir signé ce contrat, commencez à le mettre en application immédiatement et persistez jusqu'à ce que vous ayiez atteint votre objectif. En échange du contrat bien rempli, vous recevrez un certificat de santé (p. 207) où vous trouverez des conseils pour maintenir de façon durable votre poids désirable.

Contrat minceur

La présente a pour objet de fixer les termes d'une entente entre:

D'une part: Nom: .... (signez ici)

Adresse: ....

et

D'autre part: Nom: Denyse Hunter, dt. p.
Diététiste-nutritionniste
Adresse: Saint-Jean-Port-Joli, Québec

Considérant que les problèmes relatifs à l'excès de poids sont nombreux;

Considérant que l'obésité est associée à plusieurs maladies (diabète, maladies cardio-vasculaires, hypertension);

Considérant que notre corps n'est pas garanti pour supporter une surcharge de graisse;

Considérant qu'un excès de poids peut avoir des répercussions psychologiques dues à un manque de satisfaction personnelle et de confiance en soi;

Les deux parties conviennent de ce qui suit:

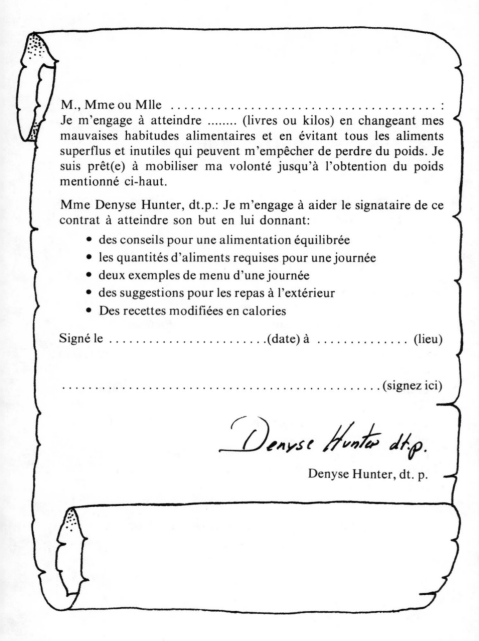

M., Mme ou Mlle .... :
Je m'engage à atteindre .... (livres ou kilos) en changeant mes mauvaises habitudes alimentaires et en évitant tous les aliments superflus et inutiles qui peuvent m'empêcher de perdre du poids. Je suis prêt(e) à mobiliser ma volonté jusqu'à l'obtention du poids mentionné ci-haut.

Mme Denyse Hunter, dt.p.: Je m'engage à aider le signataire de ce contrat à atteindre son but en lui donnant:

- des conseils pour une alimentation équilibrée
- les quantités d'aliments requises pour une journée
- deux exemples de menu d'une journée
- des suggestions pour les repas à l'extérieur
- Des recettes modifiées en calories

Signé le ....(date) à .... (lieu)

....(signez ici)

Denyse Hunter dt.p.

Denyse Hunter, dt. p.

Le journal alimentaire

Avant de modifier votre alimentation, il serait souhaitable de prendre conscience de vos habitudes alimentaires actuelles. Nous mangeons souvent sans prendre le temps de penser à ce qui nous nourrit, aux quantités que nous absorbons, à la durée de nos repas, à notre degré d'appétit ni aux circonstances qui nous portent à manger. Afin de faciliter cette prise de conscience, pourquoi ne pas tenir un journal alimentaire? Pendant trois jours (un en week-end et deux en semaine), notez les quantités approximatives de tous les aliments que vous consommez aux repas et aux collations y compris les boissons (sauf l'eau). Notez aussi le temps que vous prenez pour manger, votre degré d'appétit, l'habitude associée aux repas, votre humeur, l'endroit où vous mangez et avec qui.

Exemple
Déjeuner

Aliments consommés	Quantité approximative	Comportement
Pamplemousse	1/2	Durée: 20 minutes
Flocons de maïs	3/4 de tasse (185 mL)	Humeur: fatigué
Lait 2%	1/2 tasse (125 mL)	Appétit: moyen
Pain de blé entier	1 tranche	Activité associée: lecture
Beurre	1 c. à thé (4 mL)	Endroit: cuisine
Fromage cheddar	1 once (28,5 g)	Avec qui: seul
Café noir	1 tasse (250 mL)	

Faites la même chose pour les autres repas et les collations de la journée ainsi que pour les deux autres journées. Examinez le tout par la suite.

De cette façon, vous serez à même de constater la quantité d'aliments que vous mangez dans une journée. Vous vous rendrez aussi compte de plusieurs autres détails qui vous avaient échappé jusqu'alors. Vous reconnaissez-vous? (Cochez les cases appropriées.)

[ ] Vous mangez trop vite.

[ ] Vous mangez moins lorsque vous êtes fatigué.

[ ] Vous mangez plus lorsque vous êtes nerveux.

[ ] Vous mangez plus lorsque vous n'êtes pas seul.

[ ] Vous mangez plus durant le week-end.

[ ] Vous avez une habitude lorsque vous mangez.

[ ] Vous ne déjeunez jamais.

[ ] Vous mangez sans avoir faim.

[ ] Vous grignotez souvent pendant la soirée.

[ ] Vous mangez pour vous désennuyer.

[ ] Vous mangez trop de sucreries.

[ ] Vous ne mangez pas assez de légumes.

[ ] Vous prenez plus qu'une portion.

[ ] Vous mangez trop de viande.

[ ] Vous mangez à des heures irrégulières.

Cette première étape est importante, car elle vous permet de réfléchir sur votre comportement à table, de penser à la façon dont vous vous nourrissez et de vous rendre compte qu'il y aurait lieu d'améliorer vos habitudes alimentaires. Avant de vouloir changer, il faut s'apercevoir qu'on est dans l'erreur, sinon on ne voit pas l'importance du changement.

Le grand ménage

Après la prise de conscience, arrive le changement. Maintenant que vous avez constaté l'étendue du désordre, c'est le temps de faire le grand ménage. Lorsque vous mettez de l'ordre dans vos papiers, vous jetez ceux qui sont inutiles et vous gardez en sécurité ceux qui sont importants. Alors, faites la même chose pour vos habitudes alimentaires.

À garder en lieu sûr

(Coffre-fort)

• Fruits, légumes et leur jus non sucré

• Produits laitiers — lait, fromage, yogourt, soupes au lait, desserts au lait, sauces blanches

• Eau

• Pain de blé entier, de seigle, d'avoine, de son ou blanc enrichi

- Riz brun ou converti
- Pâtes alimentaires enrichies
- Céréales non sucrées, de grains entiers ou enrichies
- Muffins, biscuits au son
- Viande, volaille et poisson maigre
- Oeufs
- Légumineuses — haricots secs, pois secs, lentilles
- Noix et graines, beurre d'arachides
- Une combinaison de deux ou de plusieurs de ces aliments.

À jeter
(Poubelle)
- Sucre, cassonade, bonbons, chocolat
- Sucre à la crème, fondant, produits de l'érable, miel
- Sirops de table, gelées, confitures, marmelades, mélasse
- Pâtisseries — tartes, gâteaux, biscuits sucrés
- Boissons gazeuses et alcooliques
- Guimauves, sauces sucrées, glaçage à gâteaux, gomme à mâcher
- Boissons aux fruits ou aromatisées aux fruits
- Fritures, croustilles
- Café, thé
- Charcuteries, viandes grasses

À conserver
- Beurre ou margarine polyinsaturée
- Huile de maïs, de tournesol, de soya ou de sésame et les vinaigrettes à base d'une de ces huiles.

Réduction du sucre = Amélioration de la santé

Comme vous avez pu le constater, les sucreries se retrouvent à la poubelle. Ces aliments ne fournissent que des calories et aucun élément nutritif. Pourtant, chaque Québécois consomme en moyenne *100 livres (45,3 kilos) de sucre par année*. C'est *10 fois trop*. Bien entendu, il ne s'agit pas seulement du sucre blanc, mais de tous les aliments sucrés tel que mentionné aux pages précédentes. Est également ment inclus, le sucre que nous ajoutons aux aliments (café, céréales, desserts) ainsi que celui contenu dans certains aliments. En voici quelques exemples.

10 oz (300 mL) de boisson gazeuse = 8 c. à thé (32 mL) de sucre

1 tasse (250 mL) de céréales pré-sucrées = 6 c. à thé (24 mL) de sucre

1 tablette de chocolat au lait = 5 c. à thé (20 mL) de sucre

4 biscuits aux brisures de chocolat = 8 c. à thé (32 mL) de sucre

8 oz (250 mL) de boisson aromatisée aux fruits = 9 c. à thé (36 mL) de sucre

1/4 tasse (60 mL) du sirop des fruits en conserve = 3 à 6 c. à thé (12 à 24 mL) de sucre (selon la consistance du sirop)

1/2 tasse (125 mL) de gélatine de gelée aux fruits (Jello) = 5 c. à thé (20 mL) de sucre

Vous êtes surpris? N'oublions pas que le sucre porte plusieurs noms: dextrose, saccharose, glucose, fructose, sorbitol, mannitol, sirop de malt, de maïs, de chocolat.

Lisez attentivement les étiquettes des produits que vous achetez et vous verrez que l'industrie alimentaire réserve une place de choix au sucre.

Pourtant, le sucre fait beaucoup plus de tort que de bien. Il est notamment le principal responsable de la carie dentaire. Si on organisait un concours pour trouver les champions de la carie dentaire à travers le monde, les petits Québécois gagneraient sûrement un prix!

Le sucre n'est-il pas essentiel à l'organisme? Certains prétendent qu'il faut manger du sucre pour se protéger du froid et pour avoir de l'énergie. C'est vrai que l'organisme en a besoin, mais le sucre se trouve dans plusieurs aliments: tous les fruits et les légumes, les céréales non sucrées, le pain, les pommes de terre, les pâtes alimentaires, le riz, les biscuits secs, le lait et les produits laitiers. Les seuls aliments qui ne contiennent pas de sucre sont la viande (sauf le foie), la volaille, les oeufs et le poisson (sauf les crustacés et les mollusques).

Le minimum de sucre nécessaire à l'organisme est de *60 à 100 grammes par jour*. Voyons comment l'on peut facilement dépasser cette quantité malgré une alimentation équilibrée et sans manger de sucreries.

Produits laitiers (2 portions)
Ex.: 1 tasse (250 mL) de lait .... 12 g de sucre
1 tasse (250 mL) de yogourt nature .... 18 g de sucre
Viande et substituts (2 portions)
Ex.: 3 onces (90 g) de poulet, de poisson ou de viande
.... 0 g de sucre
1 tasse (250 mL) de macaroni au fromage .... 44 g de sucre
Fruits et légumes (4 ou 5 portions)
Ex.: 1 pomme de terre .... 18 g de sucre
1/2 tasse (125 mL) de carottes .... 5 g de sucre
1 tasse (250 mL) de salade verte .... 2 g de sucre
1 pomme .... 18 g de sucre
1/2 tasse (125 mL) de jus d'orange non sucré . 14 g de sucre
Pain et céréales (3 à 5 portions)
Ex.: 2 tranches de pain .... 30 g de sucre
1 tasse (250 mL) de céréales sèches non sucrées
.... 17 g de sucre
1 muffin au son .... 14 g de sucre
Total 192 g de sucre

Ainsi, sans sucres concentrés, on a obtenu 192 g de sucre alors que le minimum requis par l'organisme est de 60 à 100 grammes. Avez-vous encore peur de manquer de sucre? Alors, quand vous aurez une rage de sucre, dites-vous que ce n'est qu'une idée et non pas un besoin réel de l'organisme.

On ne peut pas vivre sans sucre, mais on peut facilement se passer de sucreries et de desserts.

Du miel... naturellement!

On accorde beaucoup trop d'importance à certains sucres dits naturels, le miel par exemple. C'est un aliment qui ne mérite vraiment pas autant d'éloges puisqu'il est une source de calories vides. La nostalgie du bon vieux temps nous porte à attribuer des propriétés presque magiques à certains aliments naturels. C'est ainsi

que le miel, la mélasse, la cassonade et le sirop d'érable sont aujour-
d'hui parés d'une auréole parce que ce sont des sucres naturels. On
prend du miel à tort et à travers: contre la grippe et même contre
l'arthrite. Des obèses et des diabétiques le croient même inoffensif.
Tout délicieux qu'il soit, le miel ne peut pas guérir la grippe; il calme
temporairement les irritations de la gorge, sans plus. Il ne peut rien
contre l'arthrite et il est loin d'être recommandé aux diabétiques. Ce
n'est pas vrai qu'il fasse dormir ni qu'il prolonge la vie. Il est également déconseillé de gâter un bébé en imbibant sa sucette de miel.

Vous êtes déçu? Vous faisiez confiance aux sucres naturels?
N'oublions pas que le mot naturel est loin d'être une référence. Prenons l'exemple des champignons. Tous les champignons sont naturels puisqu'ils poussent dans la nature; certains sont comestibles,
d'autres sont toxiques. Pourtant, ceux qui sont toxiques sont aussi
naturels que ceux qui sont comestibles. Toutes les plantes sont natu-
relles; cela ne veut pas dire qu'elles sont toutes comestibles. Alors,
vous constatez que la nature ne fait pas seulement de bonnes choses.

Vous pensiez peut-être que le miel, la cassonade, la mélasse et
les produits de l'érable étaient d'excellentes sources de vitamines et
de minéraux? Détrompez-vous, car il faudrait en consommer environ
l'équivalent d'une tasse (250 mL) pour qu'ils contribuent à nos
besoins nutritifs! Néanmoins, comme la portion normale est de 1 à
2 c. à table (15 à 30 mL) à la fois, cette quantité ne fournit que
des traces de vitamines et de minéraux. Comparez vous-même la
valeur nutritive de ces sucres avec les recommandations quotidiennes
des standards de nutrition canadiens pour les adultes.

Sucres	Quantité (c. à table)	Calories	Protéines (g)	Calcium (mg)	Fer (mg)	Phosphore (mg)	Magnésium (mg)	Vitamine A (Eq.R)	Thiamine B$_1$ (mg)	Riboflavine B$_2$ (mg)	Niacine B3 (mg)	Vitamine C (mg)
Miel	1 c. à table (15 mL)	65	trace	1	0,1	1	1	trace	trace	0,01	0,1	trace
Sirop d'érable	1 c. à table (15 mL)	50	0	33	0,6	3	0	0	0	0	0	0
Mélasse	1 c. à table (15 mL)	50	0	33	0,9	9	9	0	0,01	0,01	trace	0
Gelée de pommes	1 c. à table (15 mL)	55	trace	4	0,3	2	0	trace	trace	0,01	trace	1
Cassonade	1 c. à table (15 mL)	50	0	12	0,5	3	0	0	trace	0,01	trace	0
Sucre blanc	1 c. à table (15 mL)	45	0	0	trace	trace	trace	0	0	trace	0	0
Confiture de fraises	1 c. à table (15 mL)	55	trace	4	0,2	2	0	trace	trace	0,01	trace	trace
RECOMMANDATIONS QUOTIDIENNES		1800-3000	41-56	700-800	9-14	700-800	250-300	800-1000	1,0-1,5	1,2-1,8	13-20	30

Calories — Avez-vous remarqué que tous les sucres naturels fournissent plus de calories que le sucre blanc?

Protéines — Aucun sucre n'est une source de protéines.

Calcium — Le sirop d'érable et la mélasse sont ceux qui en contiennent le plus, mais 33 mg équivaut seulement à *4 pour cent des besoins quotidiens*. C'est minime.

Fer — 1 c. à table (15 mL) de mélasse = 0,9 mg de fer

2 tranches de foie de porc = 15,6 mg de fer

Mélasse = *6 pour cent des besoins quotidiens de la femme*

Phosphore — Les sucres naturels contribuent en moyenne à *0,4 pour cent des besoins quotidiens*

Magnésium — Mélasse = *3,5 pour cent des besoins quotidiens*

Vitamine A — Aucun sucre n'est une source de vitamine A.

Vitamines B — Les sucres naturels fournissent en moyenne *moins de 1 pour cent des besoins quotidiens* en thiamine, riboflavine et niacine.

Vitamine C — Les sucres ne contiennent pas de vitamine C.

Conséquemment, le miel ainsi que les autres sucres naturels sont une bonne source de sucres et de calories, rien de plus! Le miel est un sucre naturel car il n'a pas subi de raffinage comme le sucre blanc. Toutefois, après la digestion, l'organisme ne fait pas de distinction puisque ces deux sucres donnent les mêmes sous-produits.

Avant la digestion	Après la digestion
Sucre blanc (saccharose)	Clucose + fructose
Miel	Glucose + fructose

Où est la différence?

Vous pensiez diminuer les calories en sucrant votre café et vos céréales avec du miel plutôt qu'avec du sucre blanc? Quelle déception! Il est préférable de s'habituer à boire du café sans sucre (et de diminuer sa consommation de café) et d'ajouter aux céréales des fruits frais ou secs, ou du germe de blé.

La mélasse est un résidu de la cristallisation du sucre. Elle contient très peu de fer comparativement à la viande, au foie (surtout le foie de porc), aux oeufs, aux légumes verts, au pain et aux céréales de grains entiers ou enrichies. En plus du fer, ces derniers produits fournissent plusieurs autres éléments nutritifs, tandis que la mélasse apporte un surplus de calories. Il en est de même pour la cassonade.

Les confitures, les gelées et les marmelades sont faites avec des fruits, mais ils sont cuits si longtemps qu'ils perdent leur teneur en vitamine C. Ne subsiste que la quantité importante de sucre qu'on leur a ajouté, qui équivaut ni plus ni moins à des calories vides.

Les produits de l'érable sont tellement valorisés et appréciés au Québec que l'on finit par oublier qu'ils sont peu nutritifs. Ces produits sont dits naturels, mais le sont-ils vraiment? Un aliment est naturel lorsqu'on le consomme tel que la nature nous le donne, c'est-à-dire sans lui faire subir aucune transformation. La nature nous donne-t-elle du sirop d'érable et du sucre d'érable? Non. La nature nous donne l'eau d'érable. Donc, l'eau d'érable est naturelle; le sirop ne l'est pas puisqu'il faut concentrer l'eau d'érable quarante fois pour obtenir du sirop d'érable.

40 gallons d'eau d'érable	=	1 gallon de sirop d'érable
10 tonnes de canne à sucre	=	1 tonne de sucre

Avez-vous déjà essayé de boire 40 gallons (180 litres) d'eau d'érable? Impossible, me direz-vous! Avez-vous déjà essayé de manger de la canne à sucre? C'est tellement difficile à mastiquer qu'on ne risque pas d'en faire un abus. Vous voyez que la nature n'a pas prévu l'abus de sucre!

Un autre prétexte invoqué assez souvent à propos des produits de l'érable: la nécessité d'encourager les productions locales. Ah oui? Songerait-on à fumer pour encourager les compagnies de tabac?

Pour terminer sur une note plus optimiste, disons que l'usage occasionnel et modéré du miel, de la mélasse ou du sirop d'érable n'est quand même pas mauvais pour les personnes dont le poids est normal et qui dépensent beaucoup d'énergie. Toutefois, il ne faut pas oublier que ce ne sont pas des aliments essentiels. Ne soyez pas dupes! Il n'y a pas d'aliments miraculeux.

Avant d'approfondir ce chapitre sur le grand ménage dans les habitudes alimentaires, voyons comment la famille illustrée à la page suivante a mis de l'ordre dans son alimentation. Ce petit exercice s'appelle le jeu des erreurs.

Le premier dessin illustre les habitudes alimentaires d'une famille qui consomme des aliments peu nutritifs. Le deuxième dessin montre la même famille dont les habitudes alimentaires ont été nettement améliorées.

Trouvez les sept changements alimentaires ainsi que les sept principaux effets sur la santé de la famille du deuxième dessin.

Les réponses sont inscrites à l'envers au bas de la page.

Le danger croît avec l'usage

Certains aliments ne sont pas essentiels à une alimentation équilibrée. Par contre, on ne peut pas les qualifier d'aliments inutiles puisqu'ils fournissent les vitamines A et D essentielles à l'organisme et lui permettent d'absorber d'autres vitamines. Ce sont les corps gras tels que le beurre ou la margarine. On doit néanmoins en faire un usage modéré, car ils fournissent beaucoup de calories.

Nombreux sont ceux qui utilisent la margarine au lieu du beurre parce qu'ils croient qu'elle fait moins grossir. C'est un mythe, car le beurre et la margarine fournissent la même quantité de calories.

1 c. à table (15 mL) de beurre   = 100 calories
1 c. à table (15 mL) de margarine = 100 calories

La différence entre les deux graisses réside dans leur composition en acides gras. Le beurre, de même que toutes les matières grasses d'origine animale,contient des acides gras dits saturés,tandis que certaines margarines contiennent des acides gras dits polyinsaturés. Des recherches se poursuivent toujours à l'heure actuelle sur les effets que produisent ces deux types d'acides gras sur l'organisme et leur relation avec les maladies cardio-vasculaires. De nos jours, on recommande d'utiliser **toutes** les sources de gras avec modération et de choisir des graisses polyinsaturées de préférence aux graisses saturées.

28

29

Graisses polyinsaturées

Huiles de maïs, de coton, d'arachides, de carthame, de sésame, de soya

Margarines spéciales. Lisez l'étiquette pour savoir si le pourcentage des acides gras polyinsaturés est plus élevé que le pourcentage des acides gras saturés

Amandes, pacanes, noix de Grenoble.

Graisses saturées

— Viandes et gras de viande
— Charcuterie, pains de viande, bacon
— Crème liquide, glacée, fouettée et sûre
— Fromage
— Beurre
— Lait entier ou partiellement écrémé
— Huiles de palme, de coco, d'olive
— Graisse végétale
— Oeufs
— Margarines ordinaires, c'est-à-dire dont le pourcentage en acides gras polyinsaturés n'est pas mentionné
— Substituts de crème
— Pâtisseries

Après avoir fait le grand ménage de nos habitudes alimentaires, il s'agit de maintenir l'ordre, c'est-à-dire de conserver ces bonnes habitudes. Certaines personnes sont obligées de faire le grand ménage chaque lundi matin parce qu'elles ont chambardé leurs habitudes alimentaires pendant le week-end. Si vous avez tenu votre journal alimentaire, examinez bien les entrées du week-end; il est fort probable qu'elles sont différentes de celles des deux journées de semaine. Doit-on mal manger parce qu'on est en vacances?

Essayez de faire le ménage dans vos habitudes en écrivant sur une feuille les aliments que vous devez conserver dans votre coffre-fort et ceux qui devraient sortir de votre mode d'alimentation. La

LE DANGER CROÎT AVEC L'USAGE

LA SANTÉ SE RÉSERVE LE DROIT DE LIMITER LES QUANTITÉS

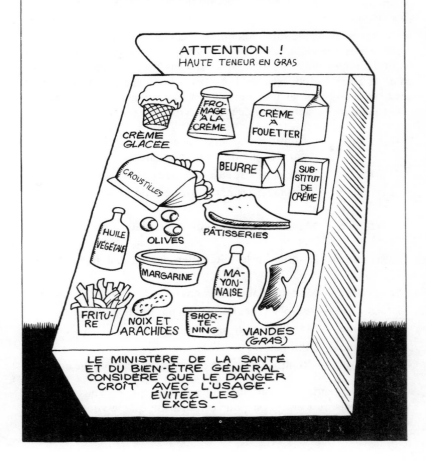

ATTENTION !
HAUTE TENEUR EN GRAS

CRÈME GLACÉE

FRO-MAGE À LA CRÈME

CRÈME À FOUETTER

CROUSTILLES

BEURRE

SUB-STITUT DE CRÈME

HUILE VÉGÉTALE

OLIVES

PÂTISSERIES

MARGARINE

MA-YON-NAISE

FRITU-RE

NOIX ET ARACHIDES

SHOR-TE-NING

VIANDES (GRAS)

LE MINISTÈRE DE LA SANTÉ ET DU BIEN-ÊTRE GÉNÉRAL CONSIDÈRE QUE LE DANGER CROÎT AVEC L'USAGE. ÉVITEZ LES EXCÈS.

poubelle est peut-être une image négative, mais c'est une façon d'expliquer que les aliments qui s'y trouvent sont inutiles. Ils ne contiennent que des calories vides, c'est-à-dire seulement des calories et aucun élément nutritif.

En revanche, il ne faut pas non plus être fanatique! S'il vous arrive de consommer un de ces aliments inutiles à l'occasion, il ne faut pas vous faire trop de reproches. Personne n'est parfait. Il paraît que la perfection donne des complexes aux autres!... Il est préférable d'améliorer graduellement ses habitudes alimentaires plutôt que de les changer radicalement; on aura ainsi plus de chances de réussir.

Après avoir identifié vos bonnes habitudes et vos défauts, établissez vos priorités, c'est-à-dire numérotez les changements par ordre d'importance. Par exemple, si vous avez dix points à réformer, écrivez les chiffres de 1 à 10 vis-à-vis chaque résolution et essayez d'en observer une nouvelle chaque semaine tout en conservant celle de la semaine précédente. Voici un modèle.

1ère semaine — Éliminer les boissons gazeuses en les remplaçant par des jus de fruits non sucrés.

2e semaine — Boire moins de café et le boire sans sucre.

3e semaine — Remplacer les pâtisseries par des desserts au lait ou aux fruits.

4e semaine — Manger des fruits comme collation au lieu des sucreries.

5e semaine — Remplacer le lait entier par du lait partiellement écrémé.

6e semaine — Manger moins de viande.

7e semaine — Remplacer les croustilles par des légumes crus.

8e semaine — Manger plus de légumes.

9e semaine — Diminuer les portions.

10e semaine — Remplacer le pain blanc par du pain de blé entier.

Bien entendu, il s'agit là d'un exemple qui ne vous convient peut-être pas du tout. C'est pour cette raison que je vous demande de faire vous-même cet exercice. Il n'est pas nécessaire d'adopter une nouvelle résolution chaque semaine; vous pouvez travailler le même point pendant deux ou trois semaines avant de passer à un autre. L'important, c'est d'y aller selon votre propre rythme.

En essayant de tout modifier du jour au lendemain, il y a de fortes chances que le changement soit trop brusque pour être durable. En améliorant progressivement vos habitudes alimentaires, vous accepterez mieux le changement et il vous sera moins difficile d'atteindre votre but.

Ne fouillez pas dans la poubelle!

Après avoir fait un beau ménage dans vos habitudes alimentaires, il ne faut pas le défaire. On ne va pas chercher ce qu'on a mis à la poubelle, n'est-ce pas? Conséquemment, il s'agit d'essayer de conserver vos bonnes habitudes pour ne pas reprendre ce que vous avez perdu. Lorsque l'on suit un régime, le plus difficile ce n'est pas maigrir mais conserver le poids désiré après l'avoir atteint. La majorité des personnes qui maigrissent reprennent ce qu'elles ont perdu et parfois plus encore! Voici une phrase qui résume bien la situation: "C'est facile de maigrir; je l'ai fait une dizaine de fois..." Il ne faut pas maigrir et engraisser comme si on jouait de l'accordéon. Ce n'est pas bon pour la santé ni pour le moral, ni pour le porte-feuille (achat de vêtements). Pour maigrir une fois pour toutes, il s'agit de conserver les bonnes habitudes alimentaires que vous avez prises en suivant votre régime. Si vous reprenez votre ancien mode d'alimentation, vous retrouverez votre ancien poids et vos anciens problèmes de santé. Vous me direz que les obèses n'ont pas tous des problèmes de santé, mais pourquoi attendre d'en avoir? Pourquoi attendre d'**être obligé** d'apprendre à bien manger? Une obligation, c'est toujours plus pénible qu'un choix que l'on fait soi-même.

Réussit-on vraiment à modifier des habitudes alimentaires acquises depuis longtemps? Ce n'est pas facile, évidemment, mais c'est un défi que vous êtes capable de relever, j'en suis sûre. C'est un but à long terme et il demande des efforts constants. Beaucoup y sont parvenus. Pourquoi pas vous? Afin de vous convaincre de la possibilité de perdre du poids en changeant vos habitudes alimentaires de façon durable, j'ai recueilli quelques témoignagnes. Voici ce que Suzelle, Henri, Huguette, Hélène et Pierrette ont à vous raconter.

Témoignages

30 livres (13,5 kg) de trop à trente ans (Suzelle)

J'ai rencontré Suzelle lors d'une journée en pleine nature et c'est là qu'elle m'a fait part d'une expérience très enrichissante et très profitable pour elle: le changement de ses habitudes alimentaires. Elle vous livre son témoignage.

"Selon moi, la seule façon valable et durable de perdre du poids est de modifier ses habitudes alimentaires. Depuis une quinzaine d'années, je prenais quelques livres, mais ça ne m'inquiétais pas trop. J'avais un gros appétit, j'aimais manger... alors je mangeais. Et pas seulement des bonnes choses. Les portions étaient toujours trop grosses. Je le savais, mais je n'étais pas vraiment décidée, jusqu'à ce que je me réveille avec 30 livres (13,5 kg) de trop à trente ans! C'est à ce moment-là que j'ai réellement pris conscience que mon insatisfaction était due à mon excès de poids et j'ai décidé qu'il fallait absolument que je fasse quelque chose. Je crois que la condition essentielle pour perdre du poids est de le vouloir. Quand je dis vouloir, j'entends par là le vouloir vraiment malgré toutes les difficultés, car ce n'est pas facile. J'en sais quelque chose. Donc, je voulais. Alors, j'ai commencé à suivre un régime de mon propre chef. Aucun résultat! Pas très encourageant, me direz-vous. C'est parce qu'il me manquait beaucoup de connaissances en nutrition.

J'ai cependant eu la chance d'avoir une voisine qui était diététiste et qui m'a offert son aide. Elle a fait un relevé des aliments que je mangeais durant une journée et elle m'a donné plusieurs conseils pour modifier mes habitudes alimentaires. Ce fut toute une surprise pour moi lorsqu'elle me dit qu'une portion de viande équivalait à 2 ou 3 onces (60 ou 90 g) après cuisson. Moi qui pensais qu'on pouvait manger de la viande à volonté à condition qu'elle soit maigre et cuite sans gras. Je n'avais pas besoin de me forcer beaucoup pour en manger jusqu'à 16 onces (454 g) par jour. Je me contente maintenant d'environ 4 onces (120 g), mais au début je trouvais la portion réduite.

Avec les bons conseils de la diététiste, j'ai réussi à modifier progressivement mes habitudes alimentaires. Je n'ai pas tout changé du jour au lendemain, car je ne voulais pas maigrir trop vite. Je me suis dit: j'ai mis quinze ans à prendre ces 30 livres; alors, même si ça devait me prendre un an à les perdre, pourquoi pas? Ce n'est pas le temps que ça prendra qui compte, c'est le temps que ça durera par la suite. Bref, j'ai maigri et j'en suis très fière. C'est une grande victoire personnelle. C'était un défi à ma volonté et j'ai été capable de le relever. Aujourd'hui mon poids est stable, car j'ai conservé les bonnes habitudes alimentaires que j'avais acquises. Mais je dois persévérer, car si je me laissais aller, je retrouverais les mêmes problèmes et je n'y tiens pas du tout.

Je me sens si bien depuis que j'ai changé mes habitudes alimentaires! J'ai même changé ma façon de voir la vie. Je suis plus gaie, plus satisfaite de moi et je trouve que c'est beaucoup plus facile de travailler avec 30 livres (13,5 kg) en moins. Tous les bienfaits que je retire sont suffisants pour m'aider à persévérer, car je ne veux vraiment pas reprendre du poids. Je me suis habituée à bien me nourrir. J'ai appris à aimer les fruits, les légumes, les petites portions de viande, le poisson et les produits laitiers. J'ai laissé tomber les calories vides telles que les bonbons, les croustilles, le chocolat, les boissons gazeuses, l'alcool, les pâtisseries et les desserts riches et sucrés. J'ai encore un excellent appétit et il m'arrive parfois de faire quelques excès, mais au moins j'exagère sur les aliments nutritifs, les fruits par exemple.

Si j'avais un conseil à donner aux personnes qui veulent perdre du poids, je leur dirais qu'il faut tout d'abord vouloir vraiment perdre du poids malgré les difficultés que cela représente. La motivation est une condition essentielle. Je dirais que c'est 75 pour cent de la réussite. Ensuite, il faut absolument avoir recours à quelqu'un qui s'y connaît, un diététiste de préférence, pour s'assurer que notre régime est bien équilibré. Et enfin, il faut une bonne dose de persévérance pour ne pas se décourager en cours de route et pour conserver les bonnes habitudes alimentaires lorsqu'on a atteint le poids idéal.''

Comment j'ai perdu 50 livres (22,65 kg) (Huguette)

"Aujourd'hui je me sens bien dans ma peau, car j'ai retrouvé mon poids normal. J'ai vingt-deux ans, je pèse 125 livres (56,25 kg) et je mesure 5 pieds 4 pouces (1 m 60); bien sûr je ne suis pas mince comme un clou, mais je ne tiens pas à être trop maigre non plus. N'allez pas croire que j'ai toujours été la jeune fille mince d'aujourd'hui. À quatorze ans, je pesais 175 livres (78,75 kg). J'avais un énorme complexe à cause de mon excès de poids; c'est l'âge où l'apparence physique revêt une grande importance au point de vue psychologique. Les filles de mon âge, dont la majorité étaient minces comme un fil, se moquaient de moi et m'appelaient "la grosse". J'évitais toutes les fêtes et les réunions, et je vivais repliée sur moi-même. Naturellement, j'évitais aussi de rencontrer des garçons de mon âge car j'étais complexée. Je souffrais beaucoup de mon obésité, mais je ne faisais rien pour y remédier. Au contraire, comme la nourriture était ma principale source de satisfaction, elle devenait en même temps la solution à mes problèmes, une sorte de récompense. Je ne faisais ni sport, ni exercice car j'étais essoufflée au moindre effort. J'avais de la difficulté à me garder en équilibre sur une bicyclette et je ne faisais pas de natation parce que j'avais honte de porter un maillot de bain. J'avais également des problèmes vestimentaires. Par-dessus le marché, les mini-jupes étaient à la mode et elles ne m'allaient pas du tout.

Un jour je me suis décidée à suivre un régime. J'avais toujours été "le beau bébé bien gras", la petite fille "grassouillette", mais à l'adolescence, j'étais devenue "la grosse". Je ne voulais pas le rester toute ma vie. Grâce à un régime équilibré, j'ai graduellement perdu cinquante livres en l'espace de deux ans. Je n'étais plus la même; je voyais la vie en rose, j'étais plus sociable, je réussissais à me faire des amis, j'étais de bonne humeur. En somme, j'avais retrouvé le goût de vivre. Les gens de mon entourage me félicitaient et me complimentaient sur ma taille, mais pensaient que je reprendrais vite ce que j'avais perdu. J'en ai surpris plusieurs. Il y a au moins cinq ans que je n'ai pas repris une livre! Vous voulez savoir ce que je fais pour ne pas engraisser de nouveau? C'est simple, je mange bien. J'ai éliminé tous les aliments inutiles comme les sucreries, les pâtisseries, les boissons gazeuses, les pâtes alimentaires, les aliments gras et sucrés, les sauces et les fritures. De plus, je fais attention au sel car j'ai tendance à faire de la cellulite. Je ne suis pas continuellement au régime, j'ai tout simplement changé mes habitudes alimentaires. Je ne me sens pas privée, car je varie beaucoup mon alimentation. Je consomme beaucoup de fruits et de légumes frais, du lait écrémé, du fromage cottage, plus de poisson et de volaille que de viande. Comme dessert, je mange des fruits, du yogourt, des biscuits secs ou des muffins. J'ai aussi remplacé le pain blanc par du pain de blé entier. Il m'arrive de faire quelques petites entorses à mon régime lorsque je dîne chez des amis ou au restaurant, mais ce n'est qu'occasionnel et je reprends vite ma bonne alimentation. Je m'en porte beaucoup mieux. Je ne me culpabilise pas non plus lorsque je triche un peu, car je me dis que le pire ce n'est pas de tomber, c'est de ne pas se relever.

Cela n'a pas été facile de changer mon alimentation parce que j'étais très gourmande. Je le suis encore, mais je fais attention. J'ai tendance à engraisser et je reprendrais vite les livres perdues si je me laissais aller. Cela peut sembler agréable de manger n'importe quoi n'importe quand, mais, croyez-moi, c'est beaucoup plus agréable de se sentir bien dans sa peau.

En terminant, je veux faire un message à tous ceux et à toutes celles qui veulent maigrir. Je suis bien placée pour vous comprendre et je vous encourage fortement à changer votre alimentation; c'est beaucoup plus profitable que de suivre des régimes farfelus (aux pamplemousses, aux bananes, aux oeufs, aux hormones, aux piqûres...) et c'est surtout plus durable. Bonne chance!''

J'ai maigri sans suivre de régime (Henri)

L'année dernière, alors que je discutais avec un jeune homme grand et mince, j'étais loin de me douter que je me trouvais devant un ex-obèse! Je fus très surpris lorsqu'il m'avoua qu'il avait déjà pesé 180 livres (81 kilos). Quand je lui ai demandé s'il avait eu de la difficulté à suivre un régime, voici ce qu'il m'a répondu.

"Je n'ai pas suivi de régime comme tel. Je me trouvais trop gras et je ne me sentais vraiment pas en forme; j'étais toujours essoufflé. J'avais un emploi sédentaire, je mangeais souvent dans les restaurants et je ne pratiquais pas de sport; donc, je ne dépensais pas toutes les calories que j'absorbais. Ce n'était pas mon petit déjeuner qui me faisait engraisser car je ne déjeunais pas. Naturellement, j'avais faim au cours de la matinée; à la pause-café je gobais n'importe quoi: des gâteaux, des chips, des boissons gazeuses. Je mangeais également beaucoup le reste de la journée. Malgré les apparences, je m'intéressais quand même à l'alimentation et j'entendais souvent dire que le déjeuner était le repas le plus important de la journée.

C'est alors que j'ai commencé à déjeuner tous les jours. En prenant un bon déjeuner, j'avais moins faim pendant la matinée; c'est ainsi que j'ai perdu l'habitude de manger à la pause-café. En même temps, j'avais éliminé plusieurs calories inutiles. J'ai également remarqué qu'en mangeant le matin, j'avais beaucoup moins faim aux autres repas. En somme, j'ai perdu du poids en prenant l'habitude de déjeuner tous les jours; mes autres repas étaient mieux équilibrés. Je me sentais beaucoup plus en forme et moins essoufflé. Alors, j'ai commencé à faire plus d'exercice, de la bicyclette et du ski de fond par exemple. Les sports m'ont beaucoup aidé à améliorer ma condition physique et à brûler mes calories. Aujourd'hui, je maintiens mon poids en mangeant à ma faim mais de façon équilibrée. J'évite les desserts le plus souvent possible et je continue de faire régulièrement de l'exercice. Et je ne saute pas mon petit déjeuner."

Commentaires

Le cas d'Henri n'est pas unique. Beaucoup de personnes s'imaginent qu'en ne déjeunant pas elles maigriront plus facilement. C'est une grave erreur car un bon petit déjeuner ne fait pas engraisser. Plus les calories sont absorbées tôt durant la journée, plus nous avons du temps pour les dépenser. Par contre, les calories absorbées au souper ou au cours de la soirée sont emmagasinées puisque nous ne dépensons pas beaucoup de calories en dormant. Faites un petit sondage dans votre entourage et vous constaterez que la plupart des personnes minces ou dont le poids est normal prennent un bon petit déjeuner, et que les obèses et celles qui sont portées à l'embonpoint ne déjeunent pas ou très peu.

Pourquoi est-ce si important de manger le matin? Parce que nous sommes à jeun depuis la veille. Comment peut-on entreprendre une journée de travail dans cet état? C'est un peu comme si vous vouliez faire un long voyage en auto et que vous décidiez de faire le plein une fois rendu à destination! Vous risquez de tomber en panne d'essence à mi-chemin et même avant. C'est la même chose lorsque vous ne déjeunez pas; vous donnez un moins bon rendement pendant la matinée. Les maux de tête et les difficultés de concentration sont souvent dues aux déjeuners escamotés. Les statistiques démontrent que la majorité des accidents de travail se produisent vers le milieu ou la fin de la matinée et impliquent des personnes qui n'ont pas déjeuné ou qui se sont contentées d'avaler un café en vitesse. C'est beaucoup plus profitable de se lever quinze minutes plus tôt et de prendre le temps de déjeuner. Voici un exemple d'un déjeuner bien équilibré.

— Un fruit frais ou un jus de fruit non sucré
— Des céréales de grains entiers sans sucre avec du lait écrémé ou partiellement écrémé.
— Du pain de blé entier ou un muffin au son.
— Du fromage ou un oeuf, ou du beurre d'arachides.
N.B. Ce modèle n'est pas rigide, vous pouvez le varier. Mais, ne commencez pas la journée l'estomac vide.

N'oubliez pas qu'un bon déjeuner ne fait pas engraisser. Tout comme nous l'a dit Henri, il nous permet d'absorber moins de calories le reste de la journée.

Vieillir en santé et en beauté (Hélène)

L'été dernier, je suis allée visiter Terre des Hommes et j'ai eu une conversation très intéressante avec une dame de quatre-vingt-un ans qui en paraissait à peine soixante! Nous étions au milieu de l'après-midi et pour me reposer un peu, je me suis rendue à un café-terrasse adjacent à une cafétéria. Aucune table n'était libre et nous étions quatre. Voyant une dame seule à une table, je lui ai demandé si nous pouvions nous asseoir.

— Mais bien sûr, répondit-elle en souriant. Puis, voyant que nous mangions des fruits, elle nous dit:

— C'est bien de manger des fruits; c'est excellent pour la santé. Je m'occupe beaucoup de ma santé et je surveille de très près mon alimentation. Tout ce qui concerne l'alimentation m'intéresse beaucoup.

— Moi aussi, car je suis diététiste.

— Ah oui? Je suis infirmière, mais je ne travaille plus maintenant. Vous savez, j'ai quatre-vingt-un ans.

— Vous pouvez être fière, je vous en aurais donné à peine soixante. Vous avez un beau teint, une belle taille et vous avez l'air en pleine forme.

— C'est vrai, je suis en forme car je suis très active. Je voyage beaucoup. J'ai même fait le tour du monde dernièrement. C'était passionnant!

— Puis-je vous demander le secret de votre jeunesse?

— Certainement. Tout d'abord, j'essaie de prendre la vie du bon côté, de toujours voir l'aspect positif en toute chose. Autrement dit, je cultive mon optimisme. Je m'intéresse à tout; je lis beaucoup, je voyage, je rencontre des gens, je me garde l'esprit alerte. Mais je sais aussi me reposer. Pas de surmenage! Je ne me couche pas trop tard et je me lève assez tôt. Je ne fume pas et je ne prends aucun médicament. J'ai un faible pour le vin, je l'avoue, mais je n'en fais jamais un abus. Et je me nourris sainement: pas de pâtisseries, pas de sucreries, pas d'aliments artificiels et chimiques, et le moins de gras possible.

— Pourriez-vous me dire ce que vous mangez dans une journée? Prenons une journée typique par exemple.

— Le matin, je prends un jus ou un fruit. Ensuite, des céréales de blé entier mélangées avec une céréale de son auxquelles j'ajoute une bonne cuillérée de germe de blé. J'emploie toujours le pain de blé entier. Et je déjeune tous les jours.

— Sucrez-vous vos céréales?

— Jamais. Et j'utilise le lait partiellement écrémé car il est moins gras. Le midi je prends un repas léger sans viande. La plupart du temps, je mange différentes variétés de fromage avec des craquelins. J'aime beaucoup les salades aussi.

— Vous prenez votre repas principal le soir?

— Oui, mais là encore je ne fais pas d'abus! Une portion moyenne de viande maigre avec une bonne salade et des légumes cuits; je les aime tous. Je dois vous dire que je varie beaucoup mon alimentation.

— Vous ne mangez pas de dessert?

— Oh oui! Mais pas n'importe quoi. La plupart du temps, c'est une bonne salade de fruits que je prépare moi-même avec des fruits frais. C'est bien meilleur que des gâteaux et des tartes. Et c'est bien mieux pour la ligne!

— Malheureusement, je dois vous quitter. Je vous encourage à continuer ainsi; vous êtes un bel exemple qui démontrez que l'on peut vieillir en santé et en beauté.

Mon amie Pierrette

Quand j'ai connu Pierrette, elle avait déjà de bonnes habitudes alimentaires, mais elle voulait s'améliorer davantage tout en perdant quelques livres ou kilos. Je l'ai trouvée très sage de ne pas attendre d'être obèse avant de modifier son alimentation. Tout s'est bien passé, car Pierrette a suivi mes conseils à la lettre. En peu de temps, elle a atteint son poids idéal en suivant un régime très varié et bien équilibré. Pour maintenir sa motivation, elle notait chaque jour ce qu'elle mangeait afin de vérifier si les quantités correspondaient à ce qui lui était permis. Cordon-bleu hors pair, Pierrette a découvert plusieurs trucs pour préparer des mets délicieux, nutritifs et faibles en calories.

Après avoir atteint son poids idéal, elle avait décidé de conserver les bonnes habitudes alimentaires qu'elle avait prises. Néanmoins, peu de temps après, elle avait repris du poids... Que s'était-il passé? C'est que Pierrette n'était plus seule à profiter des bienfaits de la bonne alimentation. Le petit Sébastien préparait son arrivée. Pierrette m'a à nouveau demandé conseil; elle voulait être certaine que son alimentation contienne tous les éléments nutritifs indispensables pour mettre au monde un bébé en excellente santé. Il faut croire que Sébastien était bien nourri puisqu'il décida d'arriver un mois après la date prévue! Dix mois plus tard naissait un beau bébé en parfaite santé. De sa naissance jusqu'à l'âge de six mois environ, maman Pierrette lui donna le seul aliment parfaitement adapté à ses besoins: le lait maternel. Par la suite, Sébastien s'est régalé de purées sans sel ni sucre préparées par Pierrette.

Sébastien a grandi et il continue de bien manger, tout comme son papa, sa maman et son petit frère Frédéric. Voilà une famille qui a adopté de bonnes habitudes alimentaires et qui s'en porte très bien.

Je tiens à remercier les personnes qui ont donné leur témoignage afin d'aider ceux qui sont dans le même cas.

Toutes ont un point commun, celui d'avoir changé leurs habitudes alimentaires de façon durable au lieu de se contenter de suivre un régime farfelu de quelques jours ou de quelques semaines. Par conséquent, les résultats sont durables et toutes ces personnes se portent très bien avec ce mode d'alimentation équilibrée.

Il n'y a pas d'âge pour changer ses habitudes alimentaires. Toutefois, plus le changement s'effectue tôt, plus c'est facile. Les habitudes ancrées depuis vingt, trente, quarante ou cinquante ans sont plus difficiles à changer. C'est pour cette raison qu'il est essentiel d'habituer les enfants à une alimentation équilibrée dès leur plus jeune âge; ils auront peut-être ainsi moins de problèmes à l'âge adulte.

44

Chapitre 2

Maigrir en faisant ses provisions

Pour maigrir en santé, il n'y a pas trente-six solutions. Il n'y en a qu'une: suivre un régime bien équilibré. Mais il peut exister trente-six façons différentes d'expliquer ce régime. J'ai simplifié le plus possible l'explication afin de la rendre facile à comprendre. J'ai trouvé un système à la fois amusant et efficace pour perdre du poids: une journée au Supermarché Silhouette. Ce système est expliqué par des illustrations dans le présent chapitre.

Voici brièvement en quoi il consiste. Commençons avec le principe du régime au jour le jour. Au lieu de vous dire que vous en avez pour des mois à vous priver, dites-vous que vous suivez votre régime pour une journée. Prenez la résolution de vous dire chaque matin: "J'ai été capable de suivre mon régime hier, donc je suis capable d'essayer de le suivre une autre journée." C'est moins décourageant et souvent plus efficace d'avoir des buts à court terme.

Au Supermarché Silhouette, on a regroupé dans chaque magasin les aliments qui ont la même valeur calorique.

Bar laitier — Lait, fromage, mets à base de lait

Comptoir de légumes A — Légumes dont l'apport calorique est minime

Comptoir de légumes B — Légumes qui fournissent un peu plus de calories

Comptoir de fruits — Fruits frais, fruits en conserve, fruits secs, jus de fruits

Boulangerie — Pain, céréales, pâtes alimentaires, pommes de terre, maïs et produits céréaliers

Boucherie — Viande, volaille, poisson, oeufs, fromage, légumineuses, noix et graines

Comptoir de matières grasses — Graisses, huile, crème, beurre, margarine

Variétés — Boissons sans sucre, épices, condiments, assaisonnements

Comptoir d'échanges — Mets composés de plusieurs aliments

Pâtisserie-confiserie — Pâtisseries, sucreries, calories vides

Les chiffres inscrits à l'entrée de chacun des magasins représentent les quantités minima d'aliments requis chaque jour pour vous maintenir en santé. Si vous voulez maigrir en santé, il faut prendre les quantités prescrites mais ne pas les dépasser.

Chiffres sur les portes = Nombre de portions permises par jour dans chaque magasin (chaque groupe d'aiments).

Malgré tout, il n'est pas suffisant de connaître le nombre de portions requises, car la notion de portion est assez vague. Si on parle de portion moyenne, il ne faut pas oublier que nous n'avons pas nécessairement tous les mêmes moyennes. Alors, pour savoir ce que représente une portion, regardez en bas chaque aliment à l'intérieur des magasins.

Chiffres inscrits en bas	=	Quantité équivalant à une portion des aliments
Chiffres précédés du $ à la droite de chaque aliment	=	Valeur calorique

Les aliments ne peuvent être échangés que s'ils ont été achetés dans le même magasin, c'est-à-dire qu'un aliment choisi à la boulangerie — une pomme de terre, par exemple — ne peut être échangé à la boucherie contre une portion supplémentaire de viande. En revanche, le boulanger acceptera d'échanger une tranche de pain contre un bol de céréales puisque ces deux aliments se trouvent à la boulangerie. De même le boucher acceptera d'échanger une portion de viande contre deux oeufs puisque ceux-ci se trouvent à la boucherie. Naturellement, on échange contre une portion équivalente et non contre le double.

Les quantités inscrites à l'entrée représentent les *minima* requis pour une journée. Ce ne sont pas nécessairement les quantités dont *vous* avez besoin pour perdre du poids, car les besoins caloriques varient beaucoup d'une personne à l'autre. Plusieurs facteurs sont à considérer:

1. L'âge — Un enfant a besoin de plus de calories parce que sa croissance n'est pas terminée. Pendant l'adolescence, alors que la croissance est très rapide, les besoins caloriques sont très élevés. À l'âge adulte, lorsque la croissance est terminée, les besoins caloriques diminuent progressivement.

2. Le sexe — Les hommes ont un besoin calorique plus élevé que les femmes. Un homme dépense plus de calories qu'une femme du même âge, de même taille et dont l'activité physique est comparable, en raison de son métabolisme basal (énergie requise pour assurer les fonctions vitales de circulation, de respiration, de digestion, de nutrition cellulaire, etc.). Ceci s'explique par le fait que l'homme a une masse musculaire plus importante que celle de la femme, ce qui fait augmenter son métabolisme.

3. La taille — Une personne de grande taille a un métabolisme plus élevé qu'une personne courte. Elle a donc besoin d'un peu plus de calories.

4. L'état physiologique — Certaines étapes de la vie comme la croissance, la grossesse, la lactation et la convalescence font augmenter les besoins caloriques.

5. Le climat — Les personnes qui vivent dans un climat très rigoureux doivent lutter contre le froid afin de maintenir une température interne constante. Leur métabolisme est donc plus élevé que celui des personnes qui vivent en pays chaud ou tempéré.

6. L'activité physique — Facteur très important pour déterminer les besoins caloriques, l'activité physique fait dépenser des calories mais à des degrés variables, tout dépend de la durée et de l'intensité de l'effort. L'activité intellectuelle a très peu d'influence sur l'augmentation des besoins caloriques.

Comme vous pouvez le constater, plusieurs facteurs déterminent les besoins quotidiens en calories. C'est pour cette raison qu'avant de suivre un régime il est essentiel de rencontrer un diététiste qui, après avoir fait l'évaluation de votre alimentation, sera en mesure de déterminer le nombre quotidien de calories nécessaire dans une journée pour perdre votre surplus de poids. Cette personne spécialisée en nutrition tiendra compte de votre état de santé, de vos goûts, de votre mode de vie, de vos habitudes alimentaires et de votre travail afin d'élaborer un régime personnalisé.

J'insiste donc sur le fait que le présent chapitre ne constitue pas un régime susceptible de convenir à tous, étant donné la grande diversité des besoins individuels. Il s'agit plutôt d'un système qui peut vous aider à comprendre comment on peut perdre quelques livres tout en restant en santé. Les quantités inscrites à l'entrée de chaque magasin représentent un total de 1200 à 1400 calories pour une journée. Cela pourrait convenir par exemple à un adulte de sexe féminin de taille moyenne dont l'activité physique est modérée ou encore à un homme adulte très sédentaire. Mais, là encore, il peut y avoir des variations. Les femmes enceintes et celles qui allaitent ne doivent pas suivre de régime amaigrissant. Les personnes dont l'état de santé requiert une diète spéciale, notamment celles qui souffrent de diabète, d'hypertension ou d'une augmentation du taux de cholestérol et des triglycérides sanguins doivent nécessairement rencontrer leur médecin *et* leur diététiste.

INFORMATION

VITAMINE D

LAIT ET PRODUITS LAITIERS

4 PORTIONS DE ½ T.

VIANDE ET SUCCÉDANÉS

2 PORTIONS DE 2-3oz

PAIN ET CÉRÉALES

3 A 5 PORTIONS

FRUITS ET LEGUMES

2 FRUITS + 3 LÉGUMES

GUIDE ALI-MEN-TAIRE

ENTREZ DANS CHAQUE MAGASIN ET CHOISISSEZ CE QUE VOUS AIMEZ EN NE DÉPASSANT PAS LES QUANTITÉS INSCRITES...

CE PERSONNAGE EST UN GUIDE FOURNI PAR NOTRE SUPERMARCHÉ "SILHOUETTE". IL VOUS ACCOMPAGNERA POUR VOUS GUIDER DANS VOS ACHATS, VOUS N'AVEZ QU'À LE SUIVRE... IL VOUS AIDERA A FAIRE DES ACHATS ÉCONOMIQUES EN CALORIES MAIS D'UNE GRANDE VALEUR NUTRITIVE... N'OUBLIEZ PAS NOS SPÉCIAUX ET NOS RECETTES "SILHOUETTE"...

Une journée au Supermarché Silhouette

Voulez-vous venir passer une journée au Supermarché Silhouette? Vous pourrez y faire une visite très intéressante, puisqu'un guide d'achat est à votre disposition pour vous aider à faire un bon choix parmi les aliments offerts dans les différents magasins. Les calories étant comparées à de l'argent, vous disposez de $1200 (calories) pour acheter des aliments pour la journée. Voyons un peu à quoi cela équivaut en terme d'aliments.

À la sortie, le guide examinera le contenu de votre panier et vous aidera à répartir ces aliments en repas et en collations pour la journée. Vous aurez ainsi un exemple de menu. Le guide évaluera ensuite le contenu de votre panier en termes de valeur nutritive; c'est-à-dire que vous saurez ce que vous avez obtenu en vitamines, en minéraux et en protéines en échange de la somme de $1200 (calories).

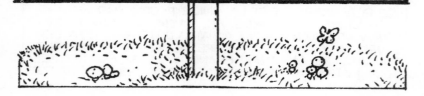

SUPERMARCHÉ SILHOUETTE
(Prochaine sortie)

Centre commercial Domaine de la Santé
Boulevard Léger

⇨ Spéciaux chaque jour
⇨ Primes
⇨ Guide d'achat à votre disposition
⇨ Menu Silhouette remis avec chaque commande
⇨ Possibilité d'échange contre de la marchandise équivalente

BAR LAITIER

LAIT ENTIER	FROMAGE COTTAGE	YOGOURT NATURE ÉCRÉMÉ	POTAGE AU LAIT ÉCRÉMÉ	YOGOURT GLACÉ
½ t. (125mL) $80	½ t. 125 mL $120	½ t. 125 mL $55	½ t. 125 mL $61	½ t. 125 mL $120
LAIT 2% DE GRAS ½ t. 125 mL $60	**FROMAGE BRIE CAMEMBERT** ¾ oz 25 gr $63	**YOGOURT AUX FRUITS (ÉCRÉMÉ)** ½ t. 125 mL $94	**SAUCE BÉCHAMEL AU LAIT ÉCRÉMÉ** ½ t. 125 mL $119	**BLANC MANGER AU LAIT ÉCRÉMÉ** ½ t. 125 mL $98
LAIT ÉCRÉMÉ ½ t. (125mL) $45	**FROMAGE OKA GOUDA, EDAM** ¾ oz 25 gr $66		**COSSETARDE (FLAN) AU LAIT ÉCRÉMÉ** ½ t. 125 mL $105	**POUDING AU RIZ AU LAIT ÉCRÉMÉ** ½ t. 125 mL $106
FROMAGE CHEDDAR ¾ oz 25 gr $103	**FROMAGE BRICK OU MOZARELLA** ¾ oz 25 gr $87	LIMITÉ A QUATRE ITEMS PAR CLIENT	**POUDING AU LAIT ÉCRÉMÉ** ½ t. 125 mL $147	**POUDING AU TAPIOCA AU LAIT ÉCRÉMÉ** ½ t. 125 mL $100
FROMAGE SUISSE ¾ oz 25 gr $94	**FROMAGE BLEU OU ROQUEFORT** ¾ oz (25 gr) $94	OUVERT	**CRÈME GLACÉE À LA VANILLE** ½ t. 125 mL $163	**LAIT EN POUDRE** 3 c. table 45 mL $48
FROMAGE TRANSFORMÉ CHEDDAR ¾ oz 25 gr $94	**FROMAGE TRANSFORMÉ SUISSE** ¾ oz 25 gr $94		**LAIT GLACÉ** ½ t. 125 mL $143	**LAIT DE BEURRE** ½ t. 125 mL $45

Bienvenue au bar laitier!

Guide — Bonjour, cher client! Nous commençons à faire nos provisions au bar laitier. Vous disposez de $1200 (calories) pour faire vos achats, mais il ne faut pas tout dépenser ici.

Client — Je dois choisir quatre portions de produits laitiers. Pourquoi cette quantité est-elle nécessaire?

Guide — Les produits du bar laitier sont disponibles en contenants d'une demi-tasse et comme vous êtes un adulte, il vous faut au moins deux tasses de produits laitiers dans la journée, donc quatre produits laitiers de 1/2 tasse.

Client — Le choix est énorme. Quels sont les achats les plus avantageux et pourquoi?

Guide — Tous ces produits vous fourniront du calcium. Il est essentiel à la formation des os et des dents, et joue aussi un rôle dans la coagulation du sang. Au bar laitier, on a la meilleure source de calcium du supermarché. Les achats les plus avantageux sont le lait et le fromage, particulièrement le lait écrémé qui a autant de valeur nutritive et qui est moins dispendieux (en calories) que le lait entier. Le lait à 2% de matières grasses est aussi un bon choix. Quant aux fromages, ils ont une haute teneur en calcium mais coûtent un peu plus cher en calories, car ils sont assez gras en général. Le fromage cottage et les fromages écrémés sont les plus avantageux pour vous puisque vous voulez maigrir. Le yogourt est conseillé, car il renferme des bactéries qui favoriseront le bon fonctionnement des intestins. Je vous suggère de le choisir nature et à base de lait écrémé. Mais vous pouvez aussi prendre du lait écrémé et le faire à la maison.

Client — Hum! De la crème glacée. J'adore cela. Je peux en prendre?

Guide — Je ne la conseille pas aux gens qui surveillent leur poids parce que c'est un produit qui coûte plusieurs calories et vous en avez seulement $1200 pour la journée.

Client — Alors, puis-je prendre un dessert au lait sous forme de crème-dessert, de blanc-manger ou de flan, car je n'aime pas tellement boire du lait?

Guide — Oui, s'ils sont faits avec du lait écrémé et si vous utilisez deux fois moins de sucre dans la recette. Mais essayez de ne pas choisir quatre desserts au lait car ils contiennent tout de même du sucre.

Client — Je prendrai donc

1/2 tasse (125 mL) de lait écrémé pour manger avec des céréales,

25 g (3/4 d'once) de cheddar pour mettre sur mes rôties,

1/2 tasse (125 mL) de yogourt nature écrémé auquel j'ajouterai de l'essence de vanille,

1/2 tasse (125 mL) de crème de céleri au lait écrémé.

Guide — C'est très bien. On peut passer à la caisse.

Caissier — Seulement $264. Il vous revient $936.

Guide et client — Au revoir et à demain!

COMPTOIR DE LÉGUMES A

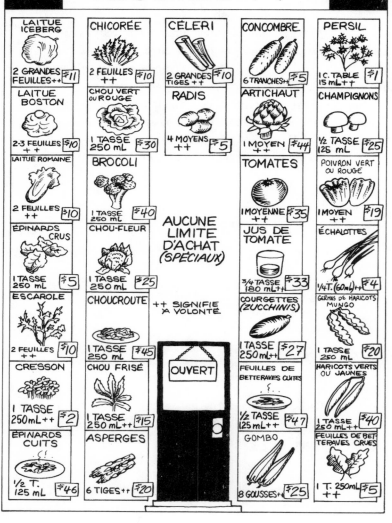

LAITUE ICEBERG		CHICORÉE		CÉLERI		CONCOMBRE		PERSIL	
2 GRANDES FEUILLES ++	$11	2 FEUILLES ++	$10	2 GRANDES TIGES ++	$10	6 TRANCHES++	$5	1 C. TABLE 15 mL ++	$1
LAITUE BOSTON		**CHOU VERT OU ROUGE**		**RADIS**		**ARTICHAUT**		**CHAMPIGNONS**	
2-3 FEUILLES ++	$10	1 TASSE 250 mL	$30	4 MOYENS ++	$5	1 MOYEN ++	$44	½ TASSE 125 mL	$25
LAITUE ROMAINE		**BROCOLI**				**TOMATES**		**POIVRON VERT OU ROUGE**	
2 FEUILLES ++	$10	1 TASSE 250 mL	$40	AUCUNE LIMITE D'ACHAT (SPÉCIAUX)		1 MOYENNE ++	$35	1 MOYEN ++	$19
ÉPINARDS CRUS		**CHOU-FLEUR**				**JUS DE TOMATE**		**ÉCHALOTTES**	
1 TASSE 250 mL	$5	1 TASSE 250 mL	$25			¾ TASSE 180 mL ++	$33	¼ T. (60mL)++	$4
ESCAROLE		**CHOUCROUTE**		++ SIGNIFIE À VOLONTÉ		**COURGETTES (ZUCCHINIS)**		**GERMES DE HARICOTS MUNGO**	
2 FEUILLES ++	$10	1 TASSE 250 mL	$45			1 TASSE 250 mL ++	$27	1 TASSE 250 mL	$20
CRESSON		**CHOU FRISÉ**		OUVERT		**FEUILLES DE BETTERAVES CUITES**		**HARICOTS VERTS OU JAUNES**	
1 TASSE 250 mL ++	$2	1 TASSE 250 mL ++	$15			½ TASSE 125 mL ++	$47	1 TASSE 250 mL ++	$40
ÉPINARDS CUITS		**ASPERGES**				**GOMBO**		**FEUILLES DE BETTERAVES CRUES**	
½ T. 125 mL	$46	6 TIGES ++	$20			8 GOUSSES ++	$25	1 T. 250mL ++	$5

Au comptoir de légumes A

Client — Pourquoi y a-t-il deux comptoirs de légumes?

Guide — Les comptoirs A et B ne gardent pas la même marchandise car elle ne coûte pas le même prix. Au comptoir A c'est presque gratuit. C'est toute une chance quand on suit un régime et qu'on n'a pas beaucoup de dollars-calories à dépenser! La marchandise du comptoir B est un peu plus dispendieuse.

Client — Est-ce la raison pour laquelle c'est écrit "Spéciaux" à l'entrée?

Guide — Oui. On peut profiter de ces spéciaux chaque jour. Et n'allez pas croire que c'est une marchandise de qualité inférieure. Au contraire. Ces aliments sont un trésor de vitamines, surtout de vitamines A et C, et de fibres alimentaires.

Client — Qu'est-ce que je ferai avec ces vitamines pendant la journée?

Guide — La vitamine A vous aidera à avoir une peau saine, des os et des dents en santé; elle vous sera également utile pour mieux voir dans l'obscurité et aidera à prévenir les infections. La vitamine C maintiendra en bon état vos vaisseaux sanguins, vos dents et vos gencives.

Client — C'est très utile! Étant donné que ce n'est pas cher, je peux en prendre plusieurs. Je remplirai mon panier et j'aurai moins l'impression de me sentir privé. Des fibres alimentaires, qu'est-ce que c'est?

Guide — Les fibres alimentaires constituent la partie non digérée et non assimilée des légumes et des fruits c'est-à-dire les graines, les membranes, les pelures, les noyaux et les fils de céleri. Elles passent tout droit en augmentant le volume résiduel dans votre intestin et aident à l'élimination des déchets.

Client — Quelle chance! Moi qui souffre souvent de constipation. Il y a tout un choix ici. Que vais-je prendre?

Guide — Tous ces légumes sont aussi bons les uns que les autres. La façon la plus sensée de magasiner au comptoir des légumes, c'est d'en prendre plusieurs variétés chaque jour. C'est un bon moyen de varier les repas.

COMPTOIR DE LÉGUMES B

CAROTTES
½ t. (125 mL) $45

NAVET
½ t. (125 mL) $18

PANAIS
½ t (125 mL) $50

MACÉDOINE DE LÉGUMES
½ t. (125 mL) $48

OIGNON
1 MOYEN $40

PETITS OIGNONS
10 PETITS $35

POIREAUX
2 MOYENS $28

POIS VERTS
½ t. (125 mL) $88

BETTERAVES
½ t. (125 mL) $30

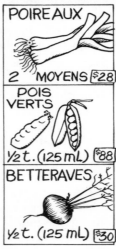

LIMITE DE UN ITEM PAR CLIENT

OUVERT

CHOUX DE BRUXELLES
½ TASSE (125 mL) $23

CÉLERI-RAVE
½ t. (125 mL) $20

AUBERGINE
2 TRANCHES $38

JUS DE LÉGUMES
½ t. (125 mL) $22

COURGE D'HIVER
½ t. (125 mL) $65

SOUPE EN CONSERVE
½ t. (125 mL) $40

Client — Mais je n'ai pas toujours le temps de faire cuire des légumes à chaque repas. Je travaille et je suis fatiguée lorsque je rentre chez moi.

Guide — Alors, choisissez quelques légumes que vous pouvez manger crus. Leur valeur nutritive est supérieure car l'eau et la cuisson détruisent une partie des vitamines. Je vous conseille aussi de prendre un jus de tomate; il constitue un goûter économique en calories.

Client — Je choisis des haricots verts, un jus de tomate, quelques bâtonnets de céleri et quelques champignons. Demain, j'en prendrai d'autres variétés.

Caisier — $68 pour le tout. Ce n'est pas cher, n'est-ce pas?

Client — Non, ce n'est pas cher! Il me reste encore $868!

Au comptoir de légumes B

Client — Hum! Les légumes que j'aime le plus! Dommage qu'ils ne soient pas gratuits! Sont-ils d'aussi bonne qualité que ceux du comptoir A.

Guide — En général, on peut dire qu'ils sont sensiblement de même valeur. Ces légumes contiennent aussi des vitamines A et C ainsi que des fibres alimentaires.

Cleint — Pourquoi sont-ils plus dispendieux alors?

Guide — Parce qu'ils contiennent un peu plus de sucre.

Client — Je dois en choisir un pour la journée, mais j'ai déjà des légumes du comptoir A dans mon panier. Quel serait le meilleur choix?

Guide — Ici encore, la variété est conseillée. Toutefois, il faut savoir que les légumes verts, jaunes et rouges sont ceux qui contiennent le plus de vitamine A. Plus la couleur est foncée, plus la valeur nutritive est élevée.

Client — Je peux choisir une portion de carottes. Ainsi, j'aurai la moitié de la vitamine A qui m'est nécessaire pour la journée. Où vais-je obtenir l'autre moitié?

COMPTOIR DE FRUITS

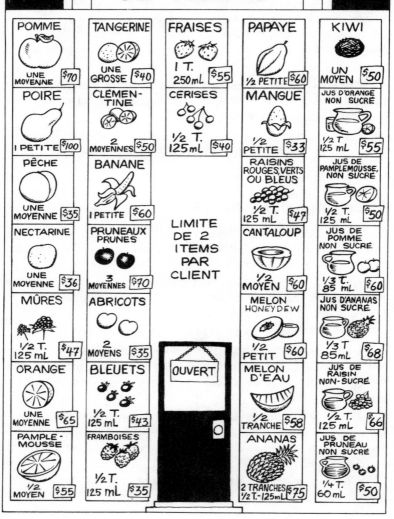

POMME	TANGERINE	FRAISES	PAPAYE	KIWI
UNE MOYENNE $70	UNE GROSSE $40	1 T. 250 mL $55	1/2 PETITE $60	UN MOYEN $50
POIRE	**CLÉMEN-TINE**	**CERISES**	**MANGUE**	**JUS D'ORANGE NON SUCRÉ**
1 PETITE $100	2 MOYENNES $50	1/2 T. 125 mL $40	1/2 PETITE $33	1/2 T 125 mL $55
PÊCHE	**BANANE**		**RAISINS ROUGES, VERTS OU BLEUS**	**JUS DE PAMPLEMOUSSE, NON SUCRÉ**
UNE MOYENNE $35	1 PETITE $60		1/2 T. 125 mL $47	1/2 T. 125 mL $50
NECTARINE	**PRUNEAUX PRUNES**	LIMITE DE 2 ITEMS PAR CLIENT	**CANTALOUP**	**JUS DE POMME NON SUCRÉ**
UNE MOYENNE $36	3 MOYENNES $70		1/2 MOYEN $60	1/3 T. 85 mL $60
MÛRES	**ABRICOTS**		**MELON** HONEYDEW	**JUS D'ANANAS NON SUCRÉ**
1/2 T. 125 mL $47	2 MOYENS $35		1/2 PETIT $60	1/3 T 85 mL $68
ORANGE	**BLEUETS**	OUVERT	**MELON D'EAU**	**JUS DE RAISIN NON-SUCRÉ**
UNE MOYENNE $65	1/2 T. 125 mL $43		1/2 TRANCHE $58	1/2 T. 125 mL $66
PAMPLE-MOUSSE	**FRAMBOISES**		**ANANAS**	**JUS DE PRUNEAU NON SUCRÉ**
1/2 MOYEN $55	1/2 T. 125 mL $35		2 TRANCHES 1/2 T.-125 mL $75	1/4 T. 60 mL $50

Guide — Dans le fromage, dans les produits laitiers écrémés enrichis de vitamine A, dans les légumes du comptoir A, comme le jus de tomate et les haricots verts.

Client — J'aime beaucoup les choux de Bruxelles...

Guide — Vous avez déjà des légumes verts dans le panier; vous pourrez prendre les choux de Bruxelles demain. Ce serait un excellent choix, car la teneur en vitamine C des légumes de la famille du chou est élevée.

Client — Vraiment? Je croyais que seules les oranges en contenaient.

Guide — Mais non! Plusieurs fruits et légumes en contiennent: les agrumes et leur jus (oranges, citrons, pamplemousses, mandarines, limes), les melons (melon d'eau, melon de miel, cantaloupe), les petits fruits (fraises, framboises, mûres), les jus vitaminés (de pomme, d'ananas et de raisin), les tomates, les jus de tomate et de légumes, les poivrons verts et rouges, les légumes de la famille du chou (chou vert et rouge, chou de Chine, chou de Bruxelles, chou-fleur, brocoli), les épinards...

Client — La vitamine C est la vitamine soleil, n'est-ce pas?

Guide — Non. C'est la vitamine D qui nous est fournie par le soleil. Certains aliments sont enrichis de vitamine D: le lait commercial (liquide, en poudre ou en conserve) et la margarine. Les poissons d'eau salée et l'huile de foie de poisson en renferment également. Cette vitamine favorise la croissance en permettant au phosphore et au calcium de se fixer sur la matrice des os et des dents.

Client — Je vais payer ma carotte avant de continuer.

Caissier — $45. Votre monnaie: $823.

Client — En aurais-je assez pour tous mes achats?

Guide — Je vous aiderai à choisir et vous y arriverez.

Au comptoir des fruits

Client — Comme c'est beau ici! C'est appétissant! Et quelle variété! Je dois en choisir seulement deux. Je croyais que les fruits n'étaient pas plus dispendieux en calories que les légumes!

Guide — Ce n'est pas qu'ils soient très chers; c'est surtout parce qu'ils contiennent du sucre — même si on ne leur en ajoute pas. Si vous n'aviez pas de poids à perdre, autrement dit si vous disposiez de beaucoup de dollars-calories pour la journée, vous pourriez en prendre plus. N'oubliez pas qu'il ne vous reste que $823 et que nous ne sommes pas encore allés à la boucherie où la marchandise est plutôt dispendieuse. Il nous reste aussi la boulangerie et le comptoir de matières grasses.

Client — Ah oui, j'oubliais. Je peux acheter une orange? Je la prendrai sous forme de jus au déjeuner.

Guide — Bien sûr! Vous aurez ainsi toute votre vitamine C pour la journée.

Client — Et si je prenais deux oranges? J'aurais de la vitamine C pour deux jours et ma grippe s'en irait.

Guide — Notre organisme ne met pas cette vitamine en réserve; le surplus est éliminé chaque jour.

Client — Alors, les suppléments de vitamine C que je donnais aux enfants étaient inutiles?

Guide — Avec une alimentation équilibrée, les supléments de vitamines ne sont pas nécessaires pour la plupart des gens. Par contre les femmes enceintes doivent prendre des suppléments de fer et les enfants qui boivent du lait provenant directement de la ferme requièrent un supplément de vitamine D durant l'hiver. Quant à votre grippe, la vitamine C ne la guérira pas; les oranges non plus.

Client — Donc, une orange suffit. Je prendrai aussi une petite grappe de raisin pour ma collation. J'ai souvent faim entre les repas; est-ce mauvais de prendre des collations? J'ai entendu dire qu'elles faisaient engraisser.

Guide — Mais non, à condition qu'elles soient composées d'aliments légers et nutritifs tels que des fruits, des légumes, des jus non sucrés ou du lait écrémé. Il faut néanmoins que ces aliments fassent partie des quantités recommandées pour la journée. Le goûter est même une bonne habitude puisqu'il vous empêche d'avoir trop faim au repas suivant.

Client — J'aurais dû prendre un demi-pamplemousse. Il paraît que le pamplemousse fait maigrir.

Guide — C'est faux. C'est un mythe alimentaire, c'est-à-dire une idée courante qui n'est pas vraie.

Client — Et le citron? J'ai entendu dire qu'il fait fondre le gras.

Guide — C'est également faux.

Client — Des bananes! Malheureusement, elles font engraisser.

Guide — Mais non! La banane fournit à peu près le même nombre de calories qu'un pamplemousse. Si l'on se fiait à tout ce que l'on entend dire, il y aurait souvent des contradictions. Par exemple une demi-banane équivaut à un demi-pamplemousse en calories. Pourtant, on entend dire que la banane fait engraisser et que le pamplemousse fait maigrir.

Client — Alors, demain, je pourrais prendre une petite banane, la trancher et la manger avec mes céréales?

Guide — Certainement. Cela vous empêchera d'ajouter du sucre et c'est bien meilleur!

Client — Les fruits en conserve sont-ils permis?

Guide — Oui, mais il y a un problème. Très peu de fruits sont mis en conserve dans leur jus naturel. La plupart du temps, ils baignent dans un sirop qui contient jusqu'à 35 pour cent de sucre. On doit enlever le sirop et l'excès de sucre en les rinçant à l'eau froide: on aura ainsi l'équivalent en calories d'un fruit frais.

Client — Auparavant, j'achetais des fruits en conserve de régime; ils doivent fournir moins de calories.

Guide — Les fruits en conserve de régime sont plus dispendieux et ne contiennent pas moins de calories que les fruits en conserve ordinaire rincés. Comme ils ne sont pas essentiels, nous n'en gardons pas dans notre comptoir de fruits; il en est de même pour tous les produits dits de régime.

Client — Un jus de fruit remplace-t-il un fruit?

Guide — Oui, mais comme vous avez pu le remarquer, nous offrons seulement de la marchandise de qualité supérieure à notre clientèle, c'est-à-dire des *jus de fruits non sucrés* et non des boissons aux fruits, ni des boissons aromatisées aux fruits qui ne renferment que de l'eau, du sucre, des arômes artificiels, des produits chimiques et un soupçon de vitamine C (pas si "chouette" que ça

BOULANGERIE

PAIN BLANC ENRICHI
1 TRANCHE $82

PAIN DE BLÉ ENTIER OU DE SEIGLE
1 TRANCHE $72

PAIN AUX RAISINS
1 TRANCHE $85

BAGUETTE DE PAIN
1½ po 4 cm $80

PAIN A HAMBURGER
½ $82

PAIN A HOT DOG
½ $68

BISCUITS SODA
4 $100

TOASTS MELBA
4 $60

BISCOTTES
2 $80

BÂTONNETS DE PAIN
4 $80

BISCUITS GRAHAM
3 $55

BISCUITS SECS
4 $80

PETIT PAIN
1 MOYEN $115

MUFFIN
1 MOYEN $86

BISCUITS RITZ
4 $50

CRÊPE
10 cm 4 po $60

LIMITÉ A 3 A 5 ITEMS PAR CLIENT

OUVERT

GAUFRE
½ $105

CORNET
1 $45

CÉRÉALES CUITES, GRUAU CRÈME DE BLÉ
½ t. 125 mL $65

CÉRÉALES SÈCHES EN FLOCONS
¾ t. 175 mL $75

CÉRÉALES SÈCHES SOUFFLÉES
1½ T. 375 mL $70

CÉRÉALES DE SON
½ T. 125 mL $98

PÂTES ALIMENTAIRES CUITES
½ T. 125 mL $78

RIZ CUIT
½ T. 125 mL $80

POMME DE TERRE BOUILLIE OU AU FOUR
1 PETITE $80

POMME DE TERRE EN PURÉE
½ T. 125 mL $63

MAÏS EN GRAINS
½ T. 125 mL $70

MAÏS EN ÉPI
1 ÉPI:4 po 10 cm $70

MAÏS SOUFFLÉ NON SUCRÉ
1½ T. 375 mL $60

GÂTEAU DES ANGES
5 cm² 2 po² $110

hein?). Nos jus de fruits sont offerts sous plusieurs formes selon vos goûts: frais, congelés, en conserve, en bouteille et en boîte. L'important, c'est de lire l'étiquette pour voir les trois mots importants: **jus non sucré**.

Client — Je crois que nous arrivons chez le boulanger; ça sent déjà le bon pain!

Guide — Payons d'abord le jus d'orange et les raisins.

Caissier — $102.

Guide — Vous voyez que vous n'avez même pas dépensé la moitié de votre argent. Il vous reste encore $721!

À la boulangerie

Client — Le boulanger me permet de prendre trois à cinq portions. Quelle générosité! Je ne mange jamais autant de pain dans une journée. C'est beaucoup trop riche en calories. Il doit y avoir une erreur.

Guide — Non, c'est bien la quantité permise. La plupart de nos clients sont surpris lorsqu'ils voient le chiffre inscrit à l'entrée. Mais attendez! Lorsque vous aurez fait le tour de la boutique, vous verrez que notre boulanger n'est pas si généreux qu'il nous le laisse croire. C'est qu'il ne vend pas seulement du pain. Il garde toutes les variétés de pain et de céréales, le riz, les pâtes alimentaires, les biscuits secs, les biscottes, les craquelins, les muffins, les crêpes et les gaufres, les pommes de terre et le maïs.

Client — Pourquoi les pommes de terre et le maïs ne sont-ils pas au comptoir des légumes?

Guide — Le maïs est une céréale même si on le consomme comme un légume. Quant à la pomme de terre, on n'a pas voulu la garder au comptoir de légumes parce qu'elle coûtait un peu plus cher en calories que les autres légumes. On l'a déménagée chez le boulanger. Lorsque notre boulanger a vu arriver la pomme de terre chez lui, il l'a acceptée, étant donné que son prix en calories était équivalent à ses autres produits céréaliers.

Client — Quelle bonne idée de venir au Supermarché Silhouette! Je me privais beaucoup trop avant de m'approvisionner ici. Je ne mangeais pas de pommes de terre ni de pâtes alimentaires et seulement une tranche de pain le matin. Le boulanger nous offre donc des produits de qualité.

Guide — Certains ont une grande valeur alimentaire comme le pain de blé entier, le pain de seigle, d'avoine, les céréales de grains entiers ou au son et les muffins au son. Ce sont les meilleurs choix, car en plus de nous offrir des vitamines du complexe B, du fer et des glucides (ou sucres), ils contiennent des fibres alimentaires (le son) qui nous aident à prévenir ou à combattre la constipation. Les autres produits acceptables sont les produits raffinés enrichis comme le pain blanc, les céréales sèches et les pâtes alimentaires; ces produits contiennent cependant très peu de fibres alimentaires.

Client — Pourquoi dites-vous *les* vitamines du complexe B? Y en a-t-il plusieurs?

Guide — En effet. On peut savoir qu'elles appartiennent à ce groupe parce que leur nom finit par "ine": thiamine (B_1), riboflavine (B_2) niacine (B_3), biotine, pyridoxine (B_6), cobalamine (B_{12}). Cette famille de vitamines maintient la peau, les yeux et le système nerveux en bon état, nous aide à utiliser l'énergie engendrée par les aliments et à conserver un appétit normal.

Client — Je ne manque pas d'appétit; c'est plutôt le contraire. J'en ai trop!

Guide — C'est bon signe d'avoir de l'appétit; le contraire serait moins normal. Il s'agit de le contrôler à l'aide de sa volonté.

Client — Avez-vous dit qu'il y avait du sucre dans les aliments vendus chez le boulanger? Pourtant une tranche de pain ne goûte pas le sucre. Une pomme de terre non plus et des pâtes alimentaires, encore moins.

Guide — Il y a du sucre dans tous ces aliments, mais il s'agit d'un sucre composé qui ne goûte pas le sucre, l'amidon. Ces aliments en contiennent plus que vous ne le pensez. Par exemple, une tranche de pain contient 50 pour cent de sucre. Une pomme de terre en renferme 21 pour cent et une portion d'une demi-tasse de pâtes alimentaires cuites contient 17 grammes de glucides, c'est-à-dire 23 pour cent de sucre.

Client — Je ne devrais donc pas avoir peur de manquer de sucre. J'ai souvent des "rages de sucre" lorsque j'arrête de manger des sucreries. J'ai entendu dire que c'était parce que j'en avais besoin. Est-ce exact?

Guide — Non. Si nos repas comportent des produits laitiers, des fruits et des légumes, du pain, des céréales ou d'autres féculents, nous avons le sucre dont notre organisme — particulièrement notre cerveau — a besoin pour fonctionner normalement. Ces "rages de sucre" sont quand même réelles, mais elles dépendent de l'habitude que nous avons de manger sucré. On pourrait comparer les "rages de sucre" aux symptômes perceptibles chez une personne qui arrête de fumer. Elle a des "rages de cigarettes', surtout les premiers jours. Elle *a le goût* de fumer, elle devient nerveuse et se sent fatiguée car son organisme en éprouve le besoin. Mais **elle n'a pas besoin** de cigarettes.

Ainsi, lorsqu'on arrête de manger sucré, on a des "rages de sucre", surtout les premiers jours. **On a le goût** de manger sucré, on devient nerveux et on se sent fatigué car notre organisme en éprouve le besoin. Mais **on n'a pas besoin** de sucreries.

Vous comprenez que vos "rages de sucre" s'expliquent par *l'habitude* que vous aviez de manger sucré tout comme nos "rages de cigarettes" s'expliquent par *l'habitude* que nous avions de fumer.

Client — Perd-on définitivement le goût du sucre lorsqu'on arrête d'en manger?

Guide — Oui et non. Là encore, cela dépend de chaque personne. Est-ce qu'un fumeur perd définitivement le goût de la cigarette lorsqu'il arrête de fumer? Un alcoolique perd-il pour toujours le goût de l'alcool quand il arrête de boire? Je crois que le goût ne se perd pas complètement mais qu'il diminue. Au bout d'un certain temps, on n'en souffre plus comme au début, même si on en a toujours le goût!

Client — Alors, j'essaierai encore une fois de m'abstenir de sucre. Bon, je dois me décider à acheter; d'autres clients attendent. L'affiche à l'entrée indique trois à cinq portions. Dois-je en prendre trois, quatre ou cinq?

Guide — Cela dépend un peu de l'argent dont vous disposez pour la journée. Avec $1200, je vous suggère de vous en tenir le plus possible au minimum. Dans votre cas, vous pourriez en choisir quatre, dont trois portions de pain ou de produits céréaliers, et une pomme de terre. La pomme de terre est en surplus des trois portions, car c'est un légume et elle n'a pas tout à fait la même valeur nutritive même si le rapport dollars-calories est égal.

Client — C'est plus limité que je le croyais au départ, mais j'ai tout tout de même droit à plusieurs choses dont je me privais. Je prendrai donc:

1 tranche de pain de blé entier

1 portion de 3/4 de tasse (170 mL) de céréales de grains entiers

1 muffin au son

1/2 tasse (125 mL) de pommes de terre en purée.

Guide — Voilà. Vous avez vos quatre portions. On peut passer à la caisse.

Client — Attendez. J'aurais aimé prendre des craquelins ou des biscottes. Malheureusement, c'est plus dispendieux en calories que je ne l'avais cru. Deux biscottes et une tranche de pain coûtent la même chose! Dire que je me privais de pain et que je mangeais une dizaine de biscottes par jour.

Guide — Vous aviez l'équivalent en calories de cinq tranches de pain, mais pas la même valeur nutritive. Le bon pain de blé entier, vous en donne beaucoup plus pour votre argent. Tous ces produits ne constituent pas une acquisition de grande valeur; on les garde en stock pour offrir aux clients une plus grande variété.

Client — J'aurais pu remplacer ma pomme de terre par du riz; il contient moins de calories, n'est-ce pas?

Guide — C'est le même prix, mais là encore, la valeur de certaines sortes de riz n'est pas comparable. La valeur nutritive du riz brun est semblable à celle du pain de blé entier. Le riz blanc étuvé (converti) est un assez bon choix; il équivaut à peu près au pain blanc enrichi. Mais le riz blanc ordinaire n'est pas enrichi et le riz pré-cuit l'est encore moins. Je vous conseille plutôt de garder votre pomme de terre, car elle renferme un peu de vitamine C et des minéraux, particulièrement du potassium, ce que le riz ne contient pas.

Client — Hum! j'aurais bien aimé acheter des pâtes alimentaires, mais je n'ai pas suffisamment d'argent.

Guide — Vous en prendrez demain au lieu d'un muffin, par exemple.

Client — C'est cher. Je vois qu'une portion est égale à 1/2 tasse (125 mL) de pâtes alimentaires cuites! Avec 1/2 tasse (125 mL) de spaghetti, j'aurai faim deux heures après avoir mangé. Je ferais mieux de m'en passer!

Guide — Pourquoi vous priver de ce que vous aimez si vous pouvez en prendre? Le boulanger vous permet de choisir quatre produits; rien ne vous empêche de choisir deux fois le même aliment.

Client — C'est vrai. Quand je mange du spaghetti, je ne mange pas de pomme de terre. Et comme dessert, je pourrais manger un fruit au lieu d'un muffin. Savez-vous que, même si votre système est un peu difficile à comprendre au début, c'est quand même agréable d'avoir tant de choix, cela permet d'adapter mon menu aux diverses occasions et de manger la même chose que le reste de la famille.

Guide — N'est-il pas préférable de vous guider dans vos achats plutôt que de mettre les aliments dans le panier à votre place?

Client — Sans guide, j'aurais quand même pu perdre du poids, mais je n'aurais peut-être pas fait un bon choix d'aliments.

Guide — Vous auriez pu rencontrer un guide spécialisé, un diététiste, avant de venir au Supermarché Silhouette. Ces guides sont disponibles dans les hôpitaux, dans certaines cliniques et centres communautaires; quelques-uns sont en pratique privée. Ces diététistes s'informent d'abord de votre état de santé, de votre mode de vie, de vos goûts, de vos habitudes alimentaires et de vos moyens financiers. Ainsi, ils peuvent vous guider plus facilement dans le choix de vos aliments.

Client — Je vois qu'il reste encore quelques magasins à visiter; je vais payer mes quatre produits et nous irons à la boucherie.

Caissier — $296 dollars-calories pour le tout.

Client — Il me reste $425. J'en aurai suffisamment pour terminer mes achats, surtout si je choisis des viandes maigres.

Guide — Attendez! Vous pouvez peut-être avoir des surprises.

BOUCHERIE

BOEUF	SAUMON EN CONSERVE	BEURRE D'ARACHIDES	POIS SECS CUITS	SAUCISSES
2 à 3 oz 60 à 90 gr $200	½ T. ¾ T. 125 à 175 mL $175	¼ T. 60 mL $380	1 T. 250 mL $290	2 MOYENNES $310
VEAU	**CREVETTES**	**FÈVES SÈCHES ET CUITES**	**LENTILLES CUITES**	**BACON DE DOS**
2 à 3 oz 60 à 90 gr $198	10 à 15 $100	1 T. 250 mL $236	1 T. 250 mL $159	4 TRANCHES $260
AGNEAU	**PÉTONCLES**		**POIS CHICHES CUITS**	**SAUCE A SPAGHETTI**
2 à 3 oz 60 à 90 gr $167	4 à 6 $112	**LIMITE DE 2 ITEMS PAR CLIENT**	1 T. 250 mL $227	½ T. 125 mL $136
PORC	**HUÎTRES PALOURDES**	NB: LE POIDS INDIQUÉ EST LE POIDS APRÈS CUISSON. LA QUANTITÉ DE CALORIES IN-	**NOIX ET GRAINES**	**FROMAGE PAR-MÉSAN RÂPÉ**
2 à 3 oz 60 à 90 gr $231	10 à 15 $160	DIQUÉE DANS LES CARRÉS EST INDIQUÉE POUR LA	⅓ à 1 T. 80 à 250 mL $250 $800	½ T. 125 mL $224
THON EN CONSERVE	**HOMARD CRABE**	QUANTITÉ LA PLUS ÉLEVÉE EX: 90 gr (69-90 gr)	**SARDINES**	**JAMBON**
½ T. 125 mL $200	½ - ¾ T. 125-175 mL $175	**OUVERT**	6 à 9 PETITES $220	2-3 oz 60-90 gr $180
VOLAILLE	**OEUFS**		**CRETONS MAIGRES**	**FOIE** (FRIT)
2 à 3 oz 60 à 90 gr $153	2 MOYENS $160		4 c. Table 60 mL $296	2-3 oz 60-90 gr $205
POISSON FRAIS OU CONGELÉ	**FROMAGE**		**VIANDES FROIDES**	**LAPIN**
2 à 3 oz 60 à 90 gr $159	2 oz 60 gr $220		2-3 TRANCHES $223	2-3 oz 60-90 gr $160

Chez le boucher

Client — C'est écrit deux portions à l'entrée. Cela devrait me satisfaire. C'est ce que je mange d'habitude: une portion le midi et une portion le soir.

Guide — Notre boucher semble généreux, mais les paquets correspondant à une portion sont beaucoup plus petits que ceux que vous prenez d'habitude. Regardez.

Client — Quoi ? Voulez-vous dire que ce petit morceau de 3 oz (90 g) équivaut à une portion? Je ne tiendrai pas debout. La viande, c'est ce qui soutient le plus. J'aimerais mieux me priver de pommes de terre et prendre plus de viande.

Guide — Impossible. Le boulanger n'accepte pas de faire des échanges avec le boucher, car leur marchandise ne s'équivaut pas. La viande n'a pas la même valeur calorique que les produits céréaliers. Elle contient des graisses et pas de sucres, tandis que le pain et les céréales renferment des sucres et pas de graisses. De plus, la viande contient plus de fer et de protéines que les produits de la boulangerie. Par contre le pain et les céréales de grains entiers sont riches en fibres alimentaires, ce dont la viande est dépourvue. La viande coûte un peu plus cher en dollars-calories à cause de sa teneur en gras.

Client — Vous dites que la viande contient beaucoup de gras. Je constate cependant que vous avez seulement de la viande maigre. On ne voit pas de gras sur vos portions.

Guide — C'est un peu trompeur pour le client, en effet. Les viandes les plus maigres renferment tout de même des graisses cachées. On ne voit pas de gras, mais il y en a. Par exemple, cette tranche de rôti de boeuf maigre contient environ 13 pour cent de gras. Les viandes grasses ne sont pas disponibles dans notre boucherie, car certaines contiennent jusqu'à 40 pour cent de gras.

Client — Pourtant, vous gardez du porc qui est une viande grasse!

Guide — Le maigre de porc est aussi maigre que le maigre de boeuf.

Client — Je peux donc manger du rôti de porc?

Guide — Oui, mais à condition d'enlever le gras visible. Enfin, nous gardons de tout: du boeuf, du porc, du veau, de l'agneau, du lapin, du poulet, de la dinde, du gibier ainsi que des abats. Nous recommandons particulièrement le foie à nos client à cause de sa haute teneur en fer. Toute notre viande est dégraissée. Mais, attention! La viande renferme aussi des matières grasses cachées.

Client — Une seule portion de foie de porc me fournirait donc tout le fer dont j'ai besoin pour la journée? C'est vraiment un bon achat. Si je prends du foie de veau c'est encore mieux.

Guide — Non. Contrairement à ce que la plupart des gens pensent, le foie de porc est plus riche en fer. Voyez vous-même.

2 tranches (75 g) de foie de porc contiennent 15,6 mg de fer

2 tranches (75 g) de foie de veau contiennent 9,0 mg de fer

2 tranches (75 g) de foie de boeuf contiennent 6,6 mg de fer

2 tranches (75 g) de foie de poulet contiennent 6,6 mg de fer

Client — Pourquoi me faut-il du fer?

Guide — Le fer aide à prévenir l'anémie car il entre dans la composition de l'hémoglobine du sang. L'idéal serait d'en manger une fois par semaine ou par quinzaine. Nous le recommandons surtout aux femmes enceintes qui ont un besoin élevé en fer. Notre clientèle féminine aurait avantage à faire une plus grande consommation d'aliments riches en fer, car le phénomène des menstruations diminue leurs réserves.

Client — À part le foie, quelles sont les autres sources de fer?

Guide — Tous les produits qui se trouvent chez le boucher contiennent du fer: la viande, les oeufs, les légumineuses, les noix, les graines, le beurre d'arachides et j'en passe.

Client — Les viandes rouges sont celles qui renferment le plus de fer, surtout si on les mange saignantes, n'est-ce pas?

Guide — Le fer n'est pas détruit par la cuisson; que les viandes soient saignantes, bien cuites ou à point, elles ont la même teneur en fer. D'autres produits tels que les haricots secs, les pois secs, les lentilles et les noix sont également d'excellentes sources de fer.

Client — Je remarque que votre boucher ne vend pas seulement de la viande.

Guide — Étant donné que nous recommandons à nos clients de diminuer leur consommation de viande et qu'une partie de notre clientèle est végétarienne, il faut donc offrir des substituts de viande, c'est-à-dire des aliments qui remplacent la viande, comme les oeufs, le fromage, le poisson, les légumineuses, les noix et les graines.

Client — Voulez-vous dire que si je mange des oeufs, je dois manger seulement une portion de viande dans la journée?

Guide — Oui, parce que deux oeufs ont la même valeur que 2 onces (60 grammes) de viande.

Client — Je les mets dans mon panier pour me faire une omelette. Il me reste une portion. Puis-je prendre une demi-poitrine de poulet? La volaille est moins grasse que la viande, je crois.

Guide — La volaille — surtout le blanc — contient environ 6 pour cent de gras; elle est donc deux ou trois fois moins grasse que la viande. Bien entendu, il faut enlever la peau, car c'est là où se trouve surtout le gras. Il va sans dire qu'on évite de l'accompagner de sauce et de frites.

Client — La valeur des produits de votre boucherie est-elle due seulement au fer?

Guide — Non. La viande et ses substituts constituent une excellente source de protéines, qui contribuent à la formation, à la réparation et à l'entretien de toutes les cellules de notre corps. N'oublions pas que les anticorps, qui aident à combattre les infections, ainsi que les hormones et l'hémoglobine sont d'origine protéinique. Certaines protéines sont complètes: ce sont celles des oeufs, des produits laitiers, des viandes, de la volaille et du poisson. D'autres sont incomplètes: ce sont celles des noix, des graines, des légumineuses — pois secs, haricots secs et lentilles et des produits céréaliers.

Client — Que font les végétariens qui consomment plusieurs protéines incomplètes?

Guide — Ils les combinent entre elles de façon à les compléter ou ils les ajoutent à des oeufs ou à des produits laitiers. Voici quelques exemples.

Haricots secs et pain   Macaroni au fromage

Soupe aux pois et pain	Sandwich au beurre d'arachides et lait
Salade de riz et pois chiches	Céréales et lait

Client — Le poisson peut-il remplacer la viande?

Guide — C'est un excellent substitut. Les filets de poisson nous donnent autant de protéines que la viande; ils coûtent moins en dollars-calories, car ils contiennent beaucoup moins de gras. Certains poissons, tels que le maquereau, l'alose, le saumon, le thon, la truite et les sardines sont un peu plus gras. Néanmoins, les poissons gras contiennent encore moins de gras que certaines viandes dites maigres.

Poisson gras contient 8 à 12 pour cent de gras

Boeuf maigre contient 10 à 15 pour cent de gras

Client — Est-ce nécessaire de manger souvent du poisson?

Guide — Ce n'est pas obligatoire, mais c'est sage étant donné sa richesse en protéines et sa faible teneur en gras.

Client — Y a-t-il des vitamines dans la viande?

Guide — Elle contient surtout des vitamines du complexe B, celles dont les noms finissent par ''ine'' et dont nous avons parlé chez le boulanger.

Client — J'aime bien grignoter des noix et des arachides, mais si je dois diminuer les portions de viande pour y avoir droit, j'aime mieux m'en passer.

Guide — Si vous n'étiez pas limité au point de vue dollars-calories, vous pourriez en acheter; mais ces aliments ainsi que le beurre d'arachides contiennent beaucoup de gras et sont, par conséquent, plus coûteux en calories.

Client — Votre boucher se permet d'offrir de la charcuterie à ses clients. C'est pourtant très gras!

Guide — En effet, les saucisses, les pains de viandes, bref, les produits de charcuterie en général, sont des aliments gras. Si on les garde en magasin, c'est pour offrir plus de variété. Je ne les conseille pas, mais occasionnellement, ils pourraient rendre le régime moins sévère et permettre aux clients de ne pas trop se sentir à part.

Client — Pourquoi retrouve-t-on le fromage aussi bien chez le laitier que chez le boucher?

Guide — C'est parce que la valeur du fromage est comparable à celle des produits laitiers — calcium — et à celle de la viande — protéines. La teneur en calories varie selon le fromage. En général, les fromages sont plus gras que les viandes maigres et les autres produits laitiers. Lorsqu'on surveille son budget "calorique", il est préférable d'acheter des fromages au lait écrémé ou du fromage cottage. Lisez toujours les étiquettes et comparez les pourcentages de matières grasses (% m.g.). Comparez vous-même.

Fromage cottage: 4% m.g.

Fromage au lait écrémé: 4 à 6% m.g.

Cheddar, brick, mozzarella: 25 à 31% m.g.

Brie, camembert: 18% m.g.

Roquefort, gruyère, emmenthal: 32% m.g.

Édam, gouda, oka, saint-paulin: 21% m.g.

Fromage à la crème: 40% m.g.

Client — Je n'aurais jamais pensé que les fromages renfermaient autant de gras. Quand je pense à la dégustation de vins et fromages d'hier soir!

Guide — Allons maintenant au comptoir des matières grasses, s'il nous reste de l'argent.

Caissier — Les deux oeufs et le poulet, vous coûtent $337 calories.

Client — Il me reste seulement $88. Heureusement que j'ai déjà l'essentiel!

MATIÈRES GRASSES

BEURRE
1 c. à thé
5 mL — $33

MARGARINE
1 c. à thé
5 mL — $33

HUILE VÉGÉTALE
1 c. à thé
5 mL — $42

GRAISSE VÉGÉTALE
1 c. à thé
5 mL — $36

MAYONNAISE
1 c. à thé
5 mL — $36

SAUCE À SALADE
½ c. table
8 mL — $32

VINAIGRETTE
½ c. table
8 mL — $30

FROMAGE À LA CRÈME
1 c. table
15 mL — $52

BACON CROUSTILLANT
1 tranche — $50

OLIVES
4 — $30

CRÈME 15%
15%
2 c. table
30 mL — $52

CRÈME 35%
35%
1 c. table
15 mL — $43

CRÈME SÛRE
2 c. table
30 mL — $57

CRÈME 10%
10%
2 c. table
30 mL — $36

LIMITÉ À
2 ITEMS
PAR CLIENTS

OUVERT

Au comptoir de matières grasses

Client — À l'entrée c'est écrit: "Le moins possible, 2 au maximum". Pourquoi est-ce si limité?

Guide — Ici, la marchandise est coûteuse en calories et il ne vous reste pas beaucoup d'argent. Comme vous l'avez dit en quittant la boucherie, vous avez déjà l'essentiel dans votre panier. Il n'est pas nécessaire d'acheter des aliments ici, car vous avez déjà des matières grasses dans les oeufs, le poulet, le fromage et le muffin qui se trouvent dans votre panier. Vous entrez ici seulement s'il vous reste des dollars-calories à dépenser. Et avec $88 on ne va pas loin!

Client — Les emballages sont si petits! La portion de beurre équivaut à 1 c. à thé (5 mL)! Je peux quand même me permettre d'en prendre 2 c. à thé (10 mL): une pour tartiner ma tranche de pain au déjeuner et une autre pour faire cuire mon omelette. Mais j'y pense! Je pourrais prendre de la margarine puisqu'elle coûte moins en dollars-calories que le beurre.

Guide — Une autre erreur que font plusieurs clients. Il achètent plus de margarine parce qu'ils croient qu'elle fait moins engraisser; pourtant, le beurre et la margarine valent le même prix en calories. Constatez vous-même: les paquets de beurre et de margarine correspondant à une portion sont identiques, c'est-à-dire 1 c. à thé (5 mL).

Client — Pourtant, on conseille souvent la margarine. Pourquoi?

Guide — La différence entre le beurre et la margarine est due au genre et non à la quantité de matières grasses utilisées. Le beurre, la viande, la crème, le fromage et les oeufs contiennent principalement des graisses animales dites saturées. L'abus de graisses saturées est déconseillé, surtout aux personnes dont le taux de cholestérol et d'autres gras ou les deux est trop élevé. Par contre, d'autres matières grasses telles que les huiles, les margarines, les beurres de noix et de graines, sont d'origine végétale. Certaines graisses végétales sont saturées: huile de noix de coco, de palme, le chocolat, le shortening, les succédanés de la crème et plusieurs margarines. Par contre, certaines ne sont pas saturées; ce sont les graisses polyinsaturées telles que les huiles de maïs, de tournesol, de coton, de carthame, de soya, de sésame, et certaines margarines faites avec ces huiles. Vérifiez le pourcentage d'acides gras polyinsaturés sur l'étiquette. Ces graisses polyinsaturées ne feraient pas augmenter le taux de cholestérol et des triglycémides sanguins. Cela ne veut pas dire d'en utiliser plus. Du gras, c'est du gras!

Client — Puis-je faire le tour du magasin pour voir ce que vous offrez?

Guide — Oui, à condition de ne pas prendre autre chose, sinon il ne vous restera pas assez de dollars-calories lorsque vous passerez à la caisse.

Client — Le bacon n'est pas chez le boucher?

Guide — Non, parce que le bacon de flanc est beaucoup plus gras. Il contient environ 55 pour cent de gras. La boucherie offre seulement le bacon de dos qui, lui, contient environ 20 pour cent de gras.

Client — Des olives, ici? C'est gras des olives? Seulement quatre olives valent 1 c. à thé (5 mL) de beurre!

Guide — Les olives renferment beaucoup d'huile. Vous connaissez sans doute l'huile d'olive, n'est-ce pas?

Client — Oui, mais je pensais que les huiles ne faisaient pas engraisser.

Guide — À quantité égale, les huiles, le beurre et les margarines s'équivalent au point de vue des calories. Je dirais même que les huiles fournissent un peu plus de calories.

1 cuil. à soupe (15 mL) de beurre ou de margarine = 100 calories

1 cuil. à soupe (15 mL) d'huile = 125 calories

Client — Incroyable! Je peux engraisser en mangeant de la salade, alors?

Guide — Si elle est arrosée d'huile, elle est beaucoup plus riche en calories. C'est la même chose pour la mayonnaise.

Client — Que pourrais-je ajouter à ma salade?

Guide — On peut très bien manger sa salade nature ou l'arroser d'un peu de jus de citron. Quant à la mayonnaise, on peut la remplacer par un peu de yogourt nature, ou ajouter un peu de crème de céleri ou d'asperges condensée non diluée. C'est délicieux et beaucoup moins gras.

Client — Il y a aussi de la crème sûre. Dommage que je n'aie plus de dollars-calories; c'est si bon sur des pommes de terre au four!

Guide — Remplacez-la par du yogourt nature; c'est aussi bon! Dans toutes les recettes, la crème sûre peut être remplacée par du yogourt nature.

Client — C'est bon à savoir; je vous promets d'essayer. Bon, c'est ici que je laisse mes derniers dollars-calories.

Caissier — $66.

Client — Il me revient encore $22?

Guide — Venez avec moi au comptoir de variétés; beaucoup de produits sont presque gratuits.

VARIÉTÉS

MARINADES NON SUCRÉES	VINAIGRE	POIVRE	CAFÉ	GOMME SANS SUCRE
4 MORCEAUX $4	++	++	MODÉRATION (CAFÉINE)	++
CITRON	**GÉLATINE NEUTRE**	**THÉ**	**TISANES**	**BOUILLONS ET CONSOMMÉS**
++	++	MODÉRATION (CAFÉINE)	++	1 TASSE 250 mL $15
JUS DE CITRON	**ESSENCES**		**POSTUM**	**RHUBARBE NON SUCRÉE**
++	++	AUCUNE	++	1 T. (250 mL) $16
AIL	**COLORANT ALIMENTAIRE**	LIMITE D'ACHAT	**EAUX MINÉRALES**	**CANNEBERGES SANS SUCRE**
++	++		MODÉRATION (SODIUM)	++
RELISH	**ÉPICES**	++ SIGNIFIE À VOLONTÉ	**SAUCE SOYA**	**CLUB SODA**
1 c.thé (5 mL) $6	++		1 c.thé (5 mL) $3	++
MOUTARDE	**FINES HERBES**	OUVERT	**SAUCE WORCESTERSHIRE**	**CACAO SANS SUCRE**
5 mL $4	++		1 c.thé 5 mL $5	MODÉRATION (CAFÉINE)
KETCHUP	**SEL**		**SAUCE CHILI**	**BOVRIL**
5mL 1c.thé $5	MODÉRATION (SODIUM)		1 c.thé (5 mL) $5	2 c.thé 10 mL $13

78

Aux variétés

Client — Pourquoi est-ce écrit "Au besoin" à l'entrée? Il ne me reste que $22 calories.

Guide — Entrez et vous verrez que ce ne sont pas des aliments qui vous sont offerts à ce comptoir, mais plutôt des boissons, des épices et des assaisonnements. Étant donné que vous ne consommez ces produits qu'en très petite quantité, on ne les calcule pas.

Client — Ah, je comprends. L'ail donne une saveur particulière aux aliments, mais je n'en prendrais pas une assiettée! Est-ce vrai que l'ail fait baisser la pression?

Guide — Mais non. C'est un autre mythe alimentaire.

Client — Et le vinaigre; c'est vrai qu'il fait maigrir?

Guide — Pas du tout. Le jus de citron non plus!

Client — Je prends un bouillon maigre pour mon repas du midi et un peu d'essence de vanille pour aromatiser mon yogourt nature; cela m'empêchera d'y ajouter du sucre ou des confitures.

Guide — C'est une excellente idée. Pourquoi ne pas en profiter pour choisir quelques fines herbes? C'est gratuit!

Client — Elles ne contiennent pas de calories? Les épices non plus? Pourtant, j'aurais cru que les épices faisaient engraisser. Dans ce cas, je prendrais bien un peu d'estragon pour assaisonner le poulet, et un peu de persil et de ciboulette pour rehausser la saveur de l'omelette.

Guide — Ainsi, vous salerez moins vos aliments.

Client — Pourtant, le sel et le poivre peuvent être utilisés au besoin. Regardez sur ce comptoir là-bas.

Guide — Attention! Le sel ne contient aucune calorie, mais un excès de sel est à éviter, car il favorise la rétention d'eau dans les tissus et l'hypertension. Les personnes souffrant de maladies cardiaques ou rénales et celles dont la pression artérielle est élevée doivent s'abstenir de sel à table ainsi que de tout aliment très salé.

Cleint — Quels sont les aliments contenant le plus de sel?

Guide — Il y en a une foule, mais les plus riches sont les consommés et les extraits de viande, qu'ils soient en poudre, en cube, en sachet ou en conserve; les sauces d'assaisonnement telles que la sauce soya, la sauce Worcestershire, la sauce chili et la sauce H.P.; les marinades, les olives, le ketchup, la moutarde et la relish; le jambon ainsi que tous les produits de charcuterie: les pains de viande, le salami, le pepperoni, le pain de poulet, le saucisson de Bologne, la saucisse fumée, les cretons, la tête en fromage, le bacon, les pâtés; la plupart des mets préparés en conserve: les soupes, les sauces, la viande, le poisson; certains légumes en conserve: les tomates, le maïs, le jus de tomate, les jus de légumes ainsi que tous les aliments contenant du sodium ou un de ses dérivés. Pour le savoir, lisez attentivement la liste des ingrédients.

Client — Si je n'ai aucun problème de santé et que je consomme ces aliments à l'occasion seulement, il n'y a pas de mal, n'est-ce pas?

Guide — Non. Vous pouvez boire votre bouillon de poulet sans crainte.

Client — Je prendrai aussi des boissons chaudes: une tasse de thé et une tasse de café. Est-ce raisonnable?

Guide — Oui. Le thé et le café ne fournissent presque pas de calories, mais il ne faut pas en abuser, car ils contiennent beaucoup de caféine. À la longue, un abus de caféine peut affecter les systèmes nerveux et cardio-vasculaire.

Client — Je pensais que le thé était moins dommageable pour la santé que le café.

Guide — Le thé contient presque autant de caféine que le café. En pratique, disons qu'il est tout de même un peu moins nuisible parce que la quantité utilisée pour une infusion est en général plus faible. D'autres aliments tels que les boissons gazeuses à base de cola et le chocolat contiennent également beaucoup de caféine. On ne les tient pas en magasin, car ils coûtent trop cher en dollars-calories. Vous cherchez quelque chose?

Client — Oui, un sachet de sucre pour mon café.

Guide — J'ai bien peur que vous n'en trouviez pas. Nous n'en gardons pas, car c'est un produit complètement inutile. Il fournit des calories et rien d'autre, c'est-à-dire des calories vides. Je vous ai dit que nous offrons seulement de la marchandise de qualité supérieure à notre clientèle; nous ne pouvons pas nous permettre de vendre un produit qui ferait tort à nos clients.

Client — Mais, que vais-je faire? Je ne peux vraiment pas boire de café sans sucre. J'ai eu de la difficulté à le diminuer de moitié.

Guide — Tout d'abord, avec ou sans sucre, le café n'est vraiment pas essentiel. Mais si vous tenez à votre café au déjeuner, vous vous habituerez certainement à le boire sans sucre. Au début, vous ne l'aimerez pas; vous le trouverez amer. Mais, progressivement, votre goût s'habituera et en moins de temps que vous ne le croyez, vous vous y serez fait. Par la suite, vous ne pourrez plus le boire sucré.

Client — C'est impossible. J'ai déjà esayé une fois.

Guide — Une fois, ce n'est pas suffisant. Essayez au moins pendant quelques jours. Demandez aux clients qui viennent d'entrer; ils vous donneront leur avis.

Client — D'accord. J'essaierai.

Guide — Les tisanes peuvent remplacer le thé et le café. Ce sont des infusions de plantes qui, sans être miraculeuses, ne sont pas dommageables pour l'organisme.

Client — Je prendrais bien un peu de gélatine non aromatisée. J'ai les ongles tellement fragiles. Cela m'aiderait certainement.

Guide — Désolé de vous décevoir encore une fois, mais c'est faux. La gélatine n'a aucune propriété spéciale.

Client — Dire que je mange souvent de la gelée aux fruits pour embellir mes ongles. Je suis content de le savoir, car je n'aime pas tellement le goût de ces gelées artificielles.

Guide — En fait, ces gelées artificielles ne sont rien d'autre que de l'eau colorée, sucrée et aromatisée artificiellement. Elles contiennent environ 80 pour cent de sucre.

Client — Tant que cela! C'est mon cousin qui sera déçu de l'apprendre. Il en consomme autant que moi, sauf qu'il en aime la saveur. Tiens, de la gomme à mâcher. J'en prendrais bien un paquet. Y a-t-il seulement de la gomme sans sucre?

Guide — Mais oui. La gomme à mâcher contient beaucoup de sucre; c'est la raison pour laquelle nous n'en vendons pas. Et c'est très mauvais pour les dents. Les gommes à mâcher sans sucre ne sont quand même pas essentielles, mais, au moins, elles ne fournissent presque pas de calories et n'endommagent pas les dents.

Client — Est-ce que je peux boire de l'eau autant que je le désire?

Guide — Oui et c'est même excellent. L'eau ne fournit aucune calorie; c'est la meilleure boisson, la plus naturelle et celle qui fait le moins grossir.

Client — Voilà, je crois que j'ai terminé. Je laisse au caissier le reste de mon argent.

Caissier — Merci et bonne journée!

Client — Un autre magasin? Vous auriez dû me le dire. Il ne me reste plus d'argent!

Guide — Impossible d'entrer. La porte est verrouillée et on a perdu la clef.

Client — Qu'y a-t-il à l'intérieur?

Guide — Allons faire du lèche-vitrine. Vous verrez...

Pâtisserie-confiserie

Client — C'est fermé. Pourquoi?

Guide — Lisez ce qui est écrit: "Marchandise trop dispendieuse". Cela signifie que ces aliments contiennent trop de calories. De toute façon, il ne vous reste plus d'argent à dépenser. Vous avez utilisé vos $1200 pour acheter les aliments dont vous aviez besoin pour la journée. Et puis, ces aliments-ci n'ont aucune valeur nutritive. Ils sont de qualité inférieure, offrent peu de vitamines, de protéines et de sels minéraux. Pourquoi payer si cher des aliments quasi inutiles? Mieux vaut garder le peu de dollars-calories dont vous disposez pour l'achat d'aliments avantageux pour votre taille et votre santé. N'oubliez pas que bien manger, c'est en avoir plus pour son argent.

Client — Je peux jeter un coup d'oeil à travers la vitrine?

Guide — Bien sûr! Je vais avec vous.

PÂTISSERIE
CONFISERIE

SUCRE BLANC 1 C.T. 15 mL `$45`	**TIRE D'ÉRABLE** 1 C.T. 15 mL `$90`	**MARMELADE** 1 C.T. 15 mL `$55`	**SUCRE À LA CRÈME** 1 oz 30gr `$115`	**SUCETTES GLACÉES** UNE `$96`
CASSONADE 1 C.T. 15 mL `$50`	**SUCRE D'ÉRABLE** 1 OZ 30 GR `$100`	**SAUCES SUCRÉES** 1 C.T. 60mL `$148`	**GUIMAUVE** 1oz 30gr `$90`	**BOISSONS GAZEUSES** 1 T. (250mL) `$100`
MIEL 1 C.T 15 mL `$65`	**SIROP DE TABLE** 1 C.T. 15 mL `$160`		**GÂTEAU GLACÉ** 1 MORCEAU `$400`	**BIÈRE** 12oz (375mL) `$150`
MÉLASSE 1 C.T. 15 mL `$50`	**BONBON** 10 30gr `$110`	**MARCHANDISE TROP DISPENDIEUSE**	**TARTE** 1/6 `$400`	**BOISSON À SAVEUR DE FRUITS** 1 TASSE 250 mL `$135`
CARAMEL 1 oz 30gr `$115`	**CHOCOLAT** 1 oz 30gr `$150`		**POUDING CHÔMEUR** 1 PORTION `$408`	**GOMME SUCRÉE** DEUX `$32`
FONDANT 1 oz 30 gr `$112`	**GELÉES** 1 C.T. 15 mL `$55`	**FERMÉ**	**PÂTISSERIES FRANÇAISES** UNE `$300`	**PATATES FRITES** 1 PORTION `$310`
SIROP D'ÉRABLE 1 C.T. 15 mL `$50`	**CONFITURES** 1 C.T. 15 mL `$55`		**BISCUITS** UN `$50`	**CHIPS (CROUSTILLES)** 1 PETIT SAC `$230`

Client — Quel dommage! Mes aliments préférés! Des pâtisseries, des sucreries, des boissons gazeuses, des croustilles, de la bière... Il ne me restera plus rien à manger!

Guide — Allons! Soyez réaliste! Votre panier est plein de bonnes choses que vous avez choisies vous-même. Sur neuf magasins, c'est le seul qui soit fermé. Les aliments permis sont plus nombreux. Je me demande pourquoi, mais la plupart des clients réagissent de la même façon. Ils remarquent que la pâtisserie est fermée et ils oublient les huit magasins où ils peuvent trouver une variété d'aliments délicieux et nutritifs.

Client — Je sais que j'ai beaucoup de choix ailleurs, mais j'ai un faible pour le sucre et je suis déçu de voir que je ne pourrai pas manger ce que j'aime...

Guide — Alors, cher client, pourquoi ne pas adopter cette pensée: quand on ne mange pas ce qu'on aime, il faut aimer ce qu'on mange. Il faut essayer de réagir positivement face à un régime. Au lieu de regarder ce qui est défendu, essayez donc de bien apprêter les aliments permis, de les présenter de façon agréable et appétissante, de les déguster et d'y prendre goût. Et surtout, variez vos menus. Si vous mangez toujours les mêmes aliments, vous vous lasserez vite de votre régime. Faites le tour de tous les comptoirs de chaque magasin et faites des provisions différentes chaque jour. Cela vous demandera un peu plus de temps, de réflexion et d'imagination, mais l'enjeu en vaut la peine, croyez-moi! Certains clients me disent qu'ils en ont assez de manger de la salade. Je leur réponds que c'est de leur faute et qu'ils n'ont qu'à choisir autre chose! Les légumes du comptoir A vous permettent de composer vos salades avec du chou cru vert ou rouge, des épinards, du brocoli, des asperges, du chou-fleur, des haricots verts ou jaunes, des courgettes ou des crudités telles que des radis, du concombre, du céleri, des tomates, du poivron vert ou rouge et j'en passe. Pour éviter de casser son régime, il faut se casser un peu la tête pour trouver des combinaisons nouvelles qui varieront et agrémenteront le menu. Un petit rien suffit souvent pour changer l'apparence d'un plat: un brin de persil, un quartier de citron, une tranche de tomate, une cerise...

Client — Vous avez entièrement raison, sauf que ce ne sera pas facile! Je mange des aliments sucrés depuis si longtemps.

Guide — Je vous comprends, mais essayez tout de même. Si vous réussissez, vous serez fier de vous. Réussir sans effort n'est pas très satisfaisant et être content de soi, c'est énorme. Vos efforts seront compensés par les résultats que vous obtiendrez. Toutefois, ne vous faites pas d'illusions; ce n'est pas facile de maigrir. S'il en était autrement, tout le monde serait mince et 50 pour cent de la population ne souffrirait pas d'obésité!

Client — Qu'entendez-vous exactement par obésité? Où s'arrête la rondeur et où commence l'obésité?

Guide — À vrai dire, il n'y a pas de poids fixe pour déterminer si quelqu'un est obèse. De toute façon, je n'aime pas tellement les mots obèse et obésité. Je les trouve péjoratifs. Il en va de même pour les mots diète et régime qui font un peu trop sévère et restrictif à mon avis. Au lieu de dire qu'on suit un régime, on devrait dire qu'on apprend à bien manger; c'est réaliste et positif. Le mot obésité pourrait être remplacé par excès de poids. Pour déterminer si une personne a un excès de poids, on se sert d'une formule utilisée par Nutrition Canada lors d'une enquête effectuée en 1971. Cette formule exprime l'indice pondéral et se calcule ainsi:

$$\textbf{Indice pondéral} = \sqrt[3]{\frac{\text{Taille (en pouces et en cm)}}{\text{poids (en livres et en kg)}}} < 12,5 = \text{Excès de poids}$$

Si votre indice pondéral est inférieur à 12,5, votre poids est excessif.

Client — Selon cette formule, mon poids est-il normal? Je pèse 165 livres (75 kg) et je mesure 5 pieds 5 pouces (1 m 30 cm)

Guide — Calculons ensemble et vous verrez.

$$65 \text{ pouces } (130\,\text{cm}) \div \sqrt[3]{165 \text{ livres } (75\,\text{kg})} = 65 \div 5,5 = 11,6$$

Votre résultat est nettement inférieur à 12,5.

Client — Quel serait mon poids idéal?

Guide — C'est assez difficile à déterminer; ce qui est idéal pour une personne ne l'est pas nécessairement pour une autre. Selon la formule de l'indice pondéral, vous ne devriez pas peser plus que 140 livres. Mais votre poids idéal peut être 120 (54 kg), 125 (56,25 kg) ou 135 livres (60,75 kg). Cela dépend de votre âge, de votre ossature, de votre taille. Pour éviter tous ces calculs, disons que le poids idéal est celui auquel vous vous sentez bien physiquement et psychologiquement. Il reste encore un comptoir à visiter. Venez-vous?

Client — Un instant... Regardez sur l'étagère du fond: les boissons gazeuses. Je croyais qu'elles ne fournissaient pas beaucoup de calories car, après tout, ce sont des liquides!

Guide — Oui, mais des liquides très concentrés en sucre. Dans un verre de boisson gazeuse, vous avez l'équivalent de 8 c. à thé (40 mL) de sucre. C'est la même chose pour les boissons aromatisées aux fruits.

Client — Tant que cela! Je connais quelqu'un qui ne mange jamais de dessert, mais qui boit trois petites bouteilles de boissons gazeuses par jour.

Guide — Cela équivaut à une pointe de tarte ou à un bon morceau de gâteau au point de vue des calories.

Client — Les boissons alcooliques ne sont pas permises?

Guide — Qu'il s'agisse de bière, de vin, d'apéritif, de digestif, de cidre ou de spiritueux, les boissons alcooliques ont un apport calorique élevé. À quantité égale, l'alcool fournit presque autant de calories que les corps gras.

1 g de lipides (gras): 9 calories

1 g d'alcool: 7 calories

Ainsi, même les boissons alcooliques non sucrées, comme le gin et le cognac, font engraisser parce que les calories sont fournies par l'alcool. 1 1/2 oz (45 mL) de gin, de cognac, de rhum fournissent 130 calories.

Client — Mes enfants aiment bien la boisson aromatisée à l'orange. Ils la trouvent "chouette" le matin. Je pensais que je pourrais en prendre si je diminuais la quantité pour réduire les calories. Qu'en pensez-vous?

Guide — Hum! pas si "chouette" que cela,ces boissons! Avez-vous déjà lu la liste des ingrédients? Saviez-vous que les boissons aromatisées à l'orange ne contiennent pas le moindre soupçon d'orange? Il serait préférable pour vous et vos enfants d'acheter de vrais jus de fruits non sucrés.ce n'est pas une question de quantité mais de qualité. Vous comprendrez avec l'exemple suivant. Vous avez dans une vitrine deux bijoux identiques en apparence, l'un est en or, l'autre ne l'est pas. Si on vous demandais un cent de plus pour le bijou en or, le donneriez-vous?

Client — Mais bien sûr. Quelle question!

Guide — Au point de vue nutritif, le jus de fruit non sucré représente le bijou en or et les boissons aromatisées aux fruits celui en toc. Il n'en coûte qu'un cent de plus par verre pour déguster un vrai jus. Que choississez-vous maintenant?

Client — Je trouve votre comparaison plutôt "chouette", cher guide! Et j'opte pour les vrais jus de fruits pour toute la famille. Encore une fois, j'aurai plus de vitamines pour mon argent. Une autre question avant de partir. Est-ce que je peux utiliser les succédanés du sucre, comme le font les diabétiques?

Guide — Tout d'abord, les succédanés du sucre ne sont nécessaires ni aux diabétiques ni à personne. Ce sont des produits chimiques qui goûtent le sucre mais qui n'en sont pas. Ils ne contiennent donc pas de calories et ne font pas augmenter le taux de sucre dans le sang. Il n'en demeure pas moins qu'il s'agit de produits chimiques dont les effets à long terme n'ont pas été reconnus comme étant complètement inoffensifs. De toute façon, on peut très bien s'en passer.

Client — Mais ils nous empêchent d'ajouter du sucre aux aliments. Je pourrais l'utiliser pour remplacer le sucre dans mon café.

Guide — Pourquoi faudrait-il remplacer un aliment aussi inutile que le sucre? S'il s'agissait d'un aliment nutritif, il faudrait le remplacer. Mais, on ne remplace pas quelque chose d'inutile! Si quelqu'un n'aime pas le lait, il faut lui donner autre chose parce que le lait est nécessaire à l'organisme puisqu'il fournit du calcium, des protéines et des vitamines. On le remplace par du fromage, du yogourt, une sauce béchamel, une soupe au lait ou un dessert au lait. De même, si quelqu'un n'aime pas la viande, on essaie de remplacer cet aliment qui fournit du fer, des protéines, des vitamines et des minéraux à l'organisme par des oeufs, du fromage, du poisson, des noix, des graines ou des légumineuses... Mais, pourquoi faudrait-il remplacer le sucre puisqu'il est inutile à l'organisme? Il ne fournit que des calories et rien d'autre!

Client — Bon! Je m'en passerai alors. Je dois vous avouer que je n'aimais pas tellement l'arrière-goût des substituts. Je pensais que j'aurais droit aux sucres naturels tels que le miel, la mélasse et les produits de l'érable, mais je vois qu'ils sont sous clef, eux aussi.

Guide — En effet, ces sucres naturels contiennent beaucoup de calories vides. Encore plus que le sucre raffiné. Et contrairement à ce que beaucoup de gens pensent, ils fournissent seulement de très petites quantités de vitamines et de minéraux. Ces sucres sont des calories vides.

Client — Donc, pas d'aliments sucrés, si je comprends bien?

Guide — Il faut éviter tous les aliments collants: le sucre, la confiture, le miel, la cassonade, le caramel, la mélasse, la gelée, la marmelade, les sauces sucrées, les produits de l'érable, le chocolat, les bonbons, la guimauve, la gomme à mâcher sucrée, les sirops, les glaçages à gâteaux, le sirop des fruits en conserve, les boissons gazeuses, la crème glacée... Tout ce qui colle aux doigts ou à la table colle aussi à la taille et aux artères. Alors, on décolle d'ici?

Client — Avec regret. On a terminé?

Guide — On peut toujours visiter le comptoir d'échange au cas où vous voudriez échanger quelques aliments contre des produits équivalents. Par exemple, vous pouvez échanger vos céréales contre une tranche de pain, ou votre jus d'orange contre une orange fraîche ou une poire.

Client — Ah oui, vous l'avez dit tout à l'heure; le comptoir d'échange nous donne la possibilité de varier nos menus. Je ne crois pas échanger les aliments que j'ai choisis, mais j'irai quand même faire un tour pour prévoir le menu de la semaine. De cette façon, lorsque je viendrai faire mes provisions demain matin, je saurai ce que je peux choisir pour la journée.

Guide — Vous verrez aussi que le comptoir d'échange vous offre plusieurs possibilités.

Au comptoir d'échange

Guide — Ici, nous laissons beaucoup de liberté aux clients. Nous sommes conscients qu'il est souvent difficile d'équilibrer son

COMPTOIR D'ÉCHANGE

HAMBURGER	PÂTÉ CHINOIS	RIZ FRIT AU POULET	CHOP SUEY	PÂTISSERIE DANOISE
UN $420	1 t. 250 mL $309	1 t. 250 mL $273	1 t. 250 mL $180	UNE PETITE $148
HOT-DOG	CIGARES AU CHOU	NOUILLES CHINOISES	CHOW MEIN	CARRÉ AUX DATTES
UN $290	DEUX $261	1 t. 250 mL $270	1 t. 250 mL $174	2 po³ 5 cm³ $226
HAMBURGER AU FROMAGE	SANDWICH AU POULET CHAUD		VOL-AU-VENT (PÂTE)	SORBET AU CITRON
UN $520	UNE PORTION $356		UN $120	½ t. 125 mL $112
MACARONI AU FROMAGE	PIZZA NATURE		RAGOÛT DE BOULETTES	PAIN DE VIANDE
1 t. 250 mL $470	⅙ MOYENNE $185		3 à 4 BOUL. + SAUCE $550	UNE TRANCHE $264
SPAGHETTI ITALIEN	PIZZA AU SAUCISSON		BOUILLI DE BŒUF	GÉLATINE À SAVEUR DE FRUIT
1 t. 250 mL $396	⅛ MOYENNE $315	OUVERT	1 t. 250 mL $210	½ t. 125 mL $70
SAUCE BRUNE	PÂTÉ AU POULET		ROULÉS IMPÉRIAUX, EGG-ROLLS	SOUPE AUX POIS
¼ t. 60 mL $164	UN 4 POUCES 10 cm $535		DEUX $479	1 t. 250 mL $198
FÈVES AU LARD	PÂTÉ AU BŒUF		BEIGNE	SOUPE AUX LÉGUMES
1 t. 250 mL $325	4 PO 10 cm $560		UN 3 po 7,5 cm $125	1 t. 250 mL $80

menu lorsqu'il faut manger à l'extérieur. Notre clientèle est très diversifiée; certains mangent au restaurant ou à la cafétéria, quelques-uns emportent leur repas au travail ou à l'école, d'autres le préparent eux-mêmes mais disposent de peu de temps pour cuisiner. Donc, une bonne partie de notre clientèle doit prendre des mets préparés à l'avance, sans en connaître la composition exacte. Il lui est alors difficile de déterminer l'équivalent de ce mets en termes de portion de pain, de viande ou de légumes. Le même problème survient lorsque plusieurs groupes d'aliments entrent dans la composition d'un plat. Par exemple, les ingrédients d'un sandwich au poulet se trouvent chez le boucher et chez le boulanger. C'est pour cette raison qu'il faut savoir faire des échanges.

Client — Je crois comprendre. Si je n'ai pas le temps de cuisiner demain soir, je pourrai échanger ma portion de poulet de pommes de terre ainsi que mon muffin contre un sandwich au poulet.

Guide — C'est très bien; ces mets valent le même nombre de calories.

Poulet + pommes de terre + muffin = 1 portion de viande
2 portions de pain
1 portion de gras (pour le muffin)

Sandwich au poulet = 1 portion de viande
2 portions de pain
1 portion de gras (mayonnaise)

Client — C'est pratique de faire des échanges. Ils nous permettent d'adapter notre régime à plusieurs situations et de partager les mêmes mets que le reste de la famille. C'est beaucoup plus varié et agréable de cette façon!

Guide — En faisant le tour du comptoir d'échange, il faut tenir compte des possibilités de votre régime. Dans certains cas, vous ne pourrez pas vous procurer des aliments trop dispendieux, parce que vous ne disposez que de $1200 à dépenser par jour. Certains clients plus riches, c'est-à-dire ceux dont le régime est moins sévère, pourront se le permettre. Regardez cette pointe de tourtière. Vous ne pouvez pas la prendre, parce qu'il faudrait l'échanger contre 3 oz de viande (90g) + 1 1/2 portion de pain + 5 portions de gras. Étant donné que vous n'avez que deux portions de gras à offrir en échange, il faut l'oublier.

Client — C'est bien dommage car j'aime bien la tourtière. Mais je pourrais prendre une portion de pâté chinois en échange d'une portion de 3 oz (90 g) de viande, d'une portion de pain et de gras?

Guide — Oui, bien sûr! Et si vous allez au restaurant chinois, vous avez également la possibilité de faire des échanges. 1 tasse (250 mL) de chow mein ou de chop soui au poulet peut être échangée pour 1/2 portion de pain et 1 portion de 2 oz (60 g) de viande. De même que 1 tasse (250 mL) de riz frit au poulet équivaut à 2 portions de pain + 1 oz (30 g) de viande + 2 portions de gras.

Client — Par contre, il ne faut pas se laisser tenter par les deux pâtés impériaux au porc (*egg rolls*) à moins d'avoir 7 1/2 portions de gras à donner en échange! Je n'aurais jamais cru qu'il y avait tant de calories dans ce mets.

Guide — Les pâtés impériaux ainsi que la plupart des mets cuits en grande friture sont très gras. Les mets préparés avec une pâte brisée du type pâte feuilletée et les pâtés sont assez riches. Ainsi, les pâtés au poulet ou au boeuf équivalent à 4 portions de gras + 3 portions de pain + 1 portion de 2 oz (60 g) de viande.

Client — En effet, c'est au-dessus de mes moyens en termes de calories. Pourquoi ne trouve-t-on ni gâteau, ni tarte au comptoir d'échange?

Guide — Ce serait encore plus au-dessus de vos moyens! Par exemple, une pointe de tarte aux pommes (1/6 d'une tarte de 9 po (23 cm) équivaut à 2 portions de pain + 4 portions de gras + 3 portions de fruits. De même que un morceau de 2 po (5 cm) de gâteau au chocolat glacé vaut 2 portions de pain + 4 portions de gras. Les pâtisseries les plus abordables pour vous seraient le muffin ou le beigne nature que vous pourriez échanger contre 1 portion de pain + 1 portion de gras.

Client — Hum! LA BONNE PIZZA! J'échangerais bien quelque chose pour en manger. Que dois-je faire?

Guide — Attention! Cela dépend de la quantité.

Client — D'habitude, je mange la moitié d'une pizza au saucisson de grosseur moyenne 16 po (41 cm) de diamètre.

Guide — Il est impossible d'en échanger autant. Lisez vous-même l'étiquette: 1/8 d'une pizza au saucisson de grosseur moyenne peut être échangé contre 2 portions de pain + 1 oz (30 g) de viande + 2 1/2 portions de gras. Alors, si vous mangez la moitié de la pizza, c'est-à-dire quatre pointes, il faudra enlever dans votre journée: 8 portions de pain (4 portions permises par jour) + 4 oz (120 g) ou 2 portions de viande (presque la ration quotidienne) + 10 portions de gras (2 portions permises par jour).

Client — Cela fait réfléchir! Donc, pas moyen de moyenner.

Guide — Oui, si l'on se contente d'une seule pointe de pizza accompagnée d'une soupe aux légumes, d'une salade verte et d'un fruit.

Client — Décidément, vous avez toujours le dernier mot, cher guide. Au fait, quel est votre nom de famille?

Guide — ... Alimentaire.

Client — Alors, merci beaucoup Guide Alimentaire de m'avoir aidé à faire un choix. J'avoue franchement que j'aurais eu un peu de difficulté à faire mes provisions pour la première journée. Ce n'est pas que votre système soit difficile à comprendre au supermarché Silhouette, mais on s'y perd la première fois.

Guide — Vous pensez être capable de vous débrouiller vous-même les jours suivants?

Client — Je crois que oui. Vous avez pris le temps de bien m'expliquer le système. Mais, puis-je vous consulter si j'ai des problèmes?

Guide — Certainement, je serai à votre entière disposition. Vous revenez demain, n'est-ce pas?

Client — Oui et je vous dirai comment s'est passée ma première journée de régime.

Guide — Au revoir et bonne chance!

Au comptoir d'échange

Aliments	Quantité	Marchandise équivalente
Beigne nature	3 pouces (7,5 cm de diamètre	1 portion de pain + portion de gras
Boeuf aux légumes	1 tasse (250 mL)	2 légumes du comptoir B + 2 oz (60 g) de viande
Carré aux dattes	1 carré de 2 pouces (5 cm)	1 portion de pain + 1 portion de gras + 3 fruits
Cheeseburger	1 portion	2 portions de pain + 4 oz (115 g) de viande + 1 portion de gras
Chop soui à la viande	1 tasse (250 mL)	1 légume du comptoir B + 2 oz (60 g) de viande
Chou farci	1 portion	1 portion de pain + 3 portions de gras + 1 oz (30 g) de viande
Chow mein	1 tasse (250 mL)	2 oz (60 g) de viande + 1 légume du comptoir B
Cornet	1 cornet	1/2 portion de pain
Crème glacée	1/2 tasse (125 mL)	1 portion de pain + 2 portions de gras
Cretons	1 1/2 c. à soupe (25 mL)	2 portions de gras + 1/2 oz (15 g) de viande
Fèves au lard	1 tasse (250 mL)	3 portions de pain + 1 portions de gras + 1 oz (30 g) de viande
Gâteau blanc non glacé	1 morceau de 2 po x 2 po x 1 1/2 po (7,5 x 5 x 3,5 cm)	2 portions de pain + 2 portions de gras

93

Aliments	Quantité	Marchandise équivalente
Gelée aux fruits	1/2 tasse (125 mL)	1 fruit
Hamburger	1 portion	2 portions de pain + 3 oz (90 g) de viande + 1 portion de gras
Hot-dog	1 portion	2 portion de pain + 1 oz (30 g) de viande
Macaroni au fromage	1 tasse (250 mL)	2 portions de pain + 1 oz (30 g) de viande + 2 portions de lait + 2 portions de gras
Nouillettes chinoises	1 tasse (250 mL)	2 portions de pain + 1 oz (30 g) de viande + 1 portion de gras
Pain de viande	1 tranche de 4 po x 3 po x 3/8 po (10 cm x 7,5 cm x 1 cm)	1/2 portion de pain + 2 onces (60 g) de viande + 2 portions de gras
Pâté au boeuf	1 pâté de 4 po (10 cm) de diamètre	3 portions de pain + 2 oz (60 g) de viande + 4 portions de gras
Pâté chinois	1 tasse (250 mL)	1 portion de pain + 1 portion de gras + 3 oz (90 g) de viande
Pâté au poulet	1 pâté de 4 po (10 cm) de diamètre	3 portions de pain + 2 oz (60 g) de viande + 4 portions de gras
Pâtés impériaux (egg rools)	2 moyens	1 portion de pain + 1 oz (30 g) de viande + 7 1/2 portions de gras
Pâtisserie danoise	1 petite (nature)	1 portion de pain + 2 portions de gras
Pizza au fromage	1/8 d'une pizza de 14 po (35 cm)	2 portions de pain + 1 portion de gras + 1/2 oz (15 g) de viande
Pizza toute garnie	1/8 d'une pizza de 14 po (35 cm)	2 portions de pain + 2 1/2 portions de gras + 1 once (30 g) de viande
Sandwich chaud au poulet	1 portion (sans frites)	2 portions de pain + 2 1/2 oz (75 g) de viande + 1 portion de gras

Ragoût de boulettes	3 ou 4 boulettes avec de la sauce	1/2 portion de pain + 3 onces (90 g) de viande + 6 portions de gras
Riz au lait (sans sirop)	1/2 tasse (125 mL)	1/2 portion de lait + 1 fruit + 1 portion de pain
Sauce brune	1/4 de tasse (60 mL)	1/2 portion de pain + 3 portions de gras
Sorbet au citron	1/2 tasse (125 mL)	1/2 portion de lait + 2 fruits
Soupe aux légumes	1 tasse (250 mL)	2 légumes du comptoir B
Soupe aux pois	1 tasse (250 mL)	1 portion de pain + 1 portion de gras + 1 légume du comptoir B
Spaghetti sauce à la viande	1 tasse (250 mL)	1 légume du comptoir B + 2 portions de pain + 3 portions de gras + 1 oz (30 g) de viande
Tourtière	1/6 de la tourtière	1 1/2 portion de pain + 3 oz (90 g) de viande + 5 portions de gras
Vol-au-vent (vide)	1 moyen	1/2 portion de pain + 2 portions de gras

De retour à la maison

En arrivant chez lui, le client examine le contenu de son panier et essaie de le répartir en repas et collations pour la journée. Les pages suivantes donnent deux exemples de menu pour un régime amaigrissant de 1200 calories par jour. Le premier est élaboré à partir du choix que le client a fait au Supermarché Silhouette; le deuxième menu est une modification du premier après échange au comptoir. Les menus donnent également la valeur nutritive des aliments suggérés.

La meilleure façon de bien suivre son régime, c'est d'écrire son menu chaque jour. Par exemple, faites mentalement vos provisions au Supermarché Silhouette durant la soirée et composez votre menu pour le lendemain. Ainsi, vous serez certain de ne pas dépasser les quantités permises. Avant de terminer, demandons à notre client ce qu'il pense de ce système.

Client — C'est une excellente façon de maigrir puisqu'on peut manger tous les aliments essentiels à la santé. Le système d'échanges offre plusieurs possibilités de varier le menu. Les calculs ne sont pas trop difficiles à faire puisqu'on ne compte pas les calories mais plutôt les aliments. Après tout, nous mangeons des aliments et non des calories! Et puis, avec le système métrique, il faudrait compter les kilojoules! Vous en avez envie? Pas moi! J'aime mieux le système du Supermarché Silhouette.

Menu silhouette (1)

	Calories
Déjeuner	
1/2 tasse (125 mL) de jus d'orange non sucré	55
3/4 de tasse (185 mL) de céréales à grains entiers, sans sucre	75
1/2 tasse (125 mL) de lait écrémé	45
1 tranche de pain de blé entier	72
1 c. à thé (5 mL) de beurre ou de margarine	33
3/4 oz (25 g) de cheddar	103
Café sans sucre (facultatif)	5
Dîner	
1 tasse (250 mL) de bouillon de poulet	13
Omelette aux champignons (2 oeufs)	160
1 c. à thé (5 mL) de beurre ou de margarine pour la cuisson	33
1 tasse (250 mL) de haricots verts	30
1/2 tasse (125 mL) de yogourt nature écrémé, avec un peu d'essence de vanille	55
Goûter	
1 petite grappe de raisins	47

Souper

1/2 tasse (125 mL) de crème de céleri (au lait écrémé)	61
3,5 oz (100 g) de poulet rôti sans peau et sans sauce	176
1/2 tasse (125 mL) de pommes de terre en purée (sans beurre)	63
1/2 tasse (125 mL) de carottes	45
1 muffin au son	86
Thé sans sucre (facultatif)	0

Collation

3/4 de tasse (185 mL) de jus de tomate	33
2 branches de céleri	10
TOTAL	**1200**

Menu silhouette (2)

Déjeuner

	Calories
3 pruneaux	70
1 tranche de pain de blé entier	72
1 c. à thé (5 mL) de beurre ou de margarine	33
3/4 oz (25 g) de cheddar	94
Café sans sucre (facultatif)	5

Dîner

3/4 de tasse (185 mL) de jus de tomate	33
1 *hamburger* de 3 oz (90 g) de boeuf haché maigre	349
1 c. à thé (5 mL) de beurre ou de margarine pour la cuisson	33
1 tasse (250 mL) de salade d'épinards sans vinaigrette	5
1/2 tasse (125 mL) de lait écrémé	45

Goûter

un demi-cantaloup	60

Souper

1/2 tasse (125 mL) de soupe aux légumes dégraissée	40
1 tasse (250 mL) de chop soui au poulet	180
Laitue et tomates	46
1/2 tasse (125 mL) de yogourt nature écrémé, aromatisé à l'essence d'érable	55
Thé noir sans sucre (facultatif)	0

Collation

1/2 tasse (125 mL) de lait écrémé	45
2 biscuits secs	40
TOTAL	1205

Menu silhouette 1

Primes / Aliments	Proté-ines (g)	Fer (mg)	Calci-um (mg)	Vitami-ne A (Éq. R)	Thia-mine (B₁) (mg)	Ribo-flavi-ne B₂ (mg)	Niaci-ne B₃ (mg)	Vita-mine C (mg)	Calo-ries
1/2 tasse (125 mL) de jus d'orange non sucré	10	0,1	11	25	0,11	0,02	0,4	56	55
3/4 tasse (185 mL) de céréales de grains entiers non sucrées	2,3	4,5	9	—	0,60	0,90	5,3	—	75
1/2 tasse (125 mL) de lait écrémé	4,5	0,1	199	55	0,05	0,22	0,1	1	45
1 tranche de pain de blé entier	3	0,7	15	—	0,05	0,03	1,0	—	72
1 c. à thé (4 mL) de beurre	tr	—	1	45	—	—	—	—	33
3/4 oz (25 g) de cheddar	6,3	0,3	196	98	tr	0,12	tr	tr	103
1 tasse (250 mL) de bouillon de poulet	2	—	—	—	—	—	—	—	13
Omelette (2 oeufs)	12	2,2	54	360	0,10	0,30	tr	—	160
1 c. à thé (4 mL) de beurre (pour la cuisson de l'omelette)	tr	—	1	45	—	—	—	—	33
1 tasse (250 mL) de haricots verts	2	0,8	62	68	0,08	0,11	0,6	16	30
1/2 tasse (125 mL) de yogourt nature écrémé avec essence de vanille	7,5	—	204	4	0,06	0,31	1,5	1	55
14 raisins rouges	0,5	0,4	8	7	0,03	0,02	0,2	3	47
1/2 tasse (125 mL) de crème de céleri au lait écrémé	3,3	0,6	95	60	0,03	0,14	0,6	—	61
3,5 oz (100 g) de poulet rôti (sans peau ni sauce)	28	1,2	11	14	0,05	0,23	11,6	—	176
1/2 tasse (125 mL) de pommes de terre en purée (sans beurre)	2	0,4	24	3	0,08	0,05	1	10	63
1/2 tasse (125 mL) de carottes cuites	0,5	0,5	24	761	0,04	0,04	0,4	5	45
1 muffin au son	3	1,3	35	20	0,07	0,09	1,5	—	86
3/4 tasse (185 mL) de jus de tomate	1,5	1,6	12	144	0,10	0,05	1,3	29	33
2 branches de céleri	tr	0,2	32	20	0,02	0,02	0,2	8	10
Total	**79,4**	**14,9**	**.993**	**1729**	**1,47**	**2,65**	**25,7**	**129**	**1195**

Menu silhouette 2

Primes / Aliments	Protéines (g)	Fer (mg)	Calcium (mg)	Vitamine A (Eq R)	Thiamine (B1) (mg)	Riboflavine B2 (mg)	Niacine B3 (mg)	Vitamine C (mg)	Calories
3 pruneaux crus	1	1,1	14	44	0,02	0,04	0,4	1	70
1 tranche de pain de blé entier	3	0,7	15	—	0,05	0,03	1	—	72
1 c. à thé de beurre (4 mL)	tr	—	1	45	—	—	—	—	33
3/4 oz (25 g) de fromage transformé	6,3	0,3	196	95	tr	0,11	tr	—	94
3/4 de tasse (185 mL) de jus de tomate	1,5	1,6	12	144	0,10	0,05	1,3	29	33
1 pain mollet rond	5	1	40	—	0,14	0,10	1,4	—	164
3 oz (90 g) de boeuf haché maigre	23	3	10	6	0,08	0,20	5,1	—	185
1 c. à thé (4 mL) de beurre (pour la cuisson)	tr	—	1	45	—	—	—	—	33
1 tasse (250 mL) de salade d'épinards (sans vinaigrette)	1	0,5	16	135	0,02	0,04	0,1	—	5
1/2 tasse (125 mL) de lait écrémé	4,5	0,1	199	55	0,05	0,22	0,1	1	45
1/2 cantaloup	1	0,8	27	654	0,08	0,06	1,2	63	60
1/2 tasse (125 mL) de soupe aux légumes	1,5	0,4	10	163	0,02	0,01	0,6	—	40
1 tasse (250 mL) de chop soui au poulet	16	2,9	36	36	0,17	0,23	3	20	180
2 grandes feuilles de laitue	1	0,7	34	95	0,03	0,04	0,2	9	10
1 tomate tranchée	2	0,8	20	135	0,10	0,06	1	34	36
1/2 tasse (125 mL) de yogourt nature écrémé (avec essence d'érable)	7,5	—	204	4	0,06	0,31	1,5	1	55
1/2 tasse (125 mL) de lait écrémé	4,5	0,1	199	45	0,05	0,22	0,1	1	45
2 biscuits secs	—	0,2	6	—	0,04	0,04	—	—	40
Total	**78,8**	**14,2**	**1044**	**1701**	**1,06**	**1,76**	**17,5**	**169**	**1200**

Primes = Valeur nutritive

Avec chaque commande effectuée au Supermarché Silhouette, (c'est-à-dire avec chaque menu quotidien), vous avez des primes, (autrement dit des éléments nutritifs) pour une journée. Comparons la valeur nutritive des deux menus suggérés avec les recommandations journalières des standards de nutrition au Canada (1975) pour quelques éléments nutritifs: protéines, fer, calcium, vitamine A, vitamines du complexe B (thiamine, riboflavine, niacine) et vitamine C.

Recommandations

		Protéines (g)	Fer (mg)	Calcium (mg)	Vitamine A (Eq. R)	Thiamine (B_1) (mg)	Riboflavine (B_2) (mg)	Niacine (B_3) (mg)	Vitamine C (mg)
19-35 ans	Femmes	41	14	700	800	1,1	1,3	14	30
	Hommes	56	10	800	1000	1,5	1,8	20	30
36-50 ans	Femmes	41	14	700	800	1	1,2	13	30
	Hommes	56	10	800	1000	1,4	1,7	18	30
51 ans et plus	Femmes	41	9	700	800	1	1,2	13	30
	Hommes	56	10	800	1000	1,4	1,7	18	30
Menu Silhouette (1)		79,4	14,9	993	1729	1,47	2,65	25,7	129
Menu Silhouette (2)		78,8	14,2	1044	1701	1,06	1,76	17,5	169

Source: Santé et Bien-être social Canada (1975)

Ce tableau démontre que les deux menus Silhouette de 1200 calories sont conformes aux recommandations en ce qui concerne les protéines, le fer, le calcium, les vitamines A et C.

Quant aux vitamines du complexe B (thiamine, riboflavine et niacine), le menu Silhouette 1 répond également à tous les standards. Par contre, sa teneur est légèrement inférieure aux normes pour les hommes; cependant, il faut tenir compte du fait qu'il s'agit d'un menu de 1200 calories et que, la plupart du temps, les hommes ont un besoin supérieur à 1200 calories parce que leur métabolisme basal est plus élevé que celui des femmes.

Avec un régime varié et équilibré et, surtout, avec beaucoup de volonté, il est possible de maigrir en santé en suivant le guide alimentaire. Maintenant, laissez-vous guider hors de chez vous, car pendant le prochain chapitre vous mangerez à l'extérieur.

Chapitre 3

Cela n'arrive qu'une fois par année

Il était une fois...

Il était une fois un certain M. Legros. Après avoir suivi un régime qui devait lui faire perdre 1 livre (0,45 kg) par mois (12 livres ou 5,5 kg par année), il avait repris 2 livres (0,90 kg) pendant l'année au lieu de maigrir! Pourtant, il faisait énormément d'efforts toute la semaine et ne trichait qu'une fois par année. C'était là son problème; il trichait une fois par année. Mais, combien d'occasions spéciales n'arrivent qu'une fois par année? Vous voulez savoir comment M. Legros a engraissé en suivant son régime? Calculons ensemble les calories ingérées une fois par année.

1er janvier	Le jour de l'an n'arrive qu'une fois par année		410 cal
	Et ça s'arrose! 1 1/2 oz (45 mL) de		
	rhum avec cola	180 calories	
	3 caramels	115 calories	
	1 morceau de gâteau		
	aux fruits	115 calories	
18 janvier	L'anniversaire de M. Legros — Il faut bien fêter ça!		890 cal
	2 morceaux de gâteau d'anniversaire	890 calories	

4 février	Le carnaval — Il faut bien se réchauffer un peu!	360 cal
	2 verres de 1 1/2 oz (45 mL) de vodka avec jus d'orange	360 calories
14 février	La saint-valentin — Il faut se laisser parler d'amour!	269 cal
	2 chocolats fourrés à la crème	102 calories
	1 1/2 oz (105 mL) d'apéritif de type vermouth	167 calories
22 février	L'après-ski — On a dépensé tellement de calories...	565 cal
	On peut se permettre 2 bières	300 calories
	3 1/2 oz (105 mL) de fondue au parmesan	265 calories
6 mars	L'anniversaire de Pierrot — "Papa goûte à mon gâteau!"	445 cal
	1 morceau de gâteau d'anniversaire	445 calories
23 mars	La cabane à sucre — Une fois par année, faut pas manquer ça!	1060 cal
	3 grillades de lard salé	511 calories
	1 tasse (250 mL) de fèves au lard avec mélasse	325 calories
	1 crêpes de 4 pouces (10 cm) avec 1/4 tasse (60 mL) de sirop d'érable	260 calories
	2 morceaux de sucre d'érable	104 calories
	2 tranches de pain de ménage avec du beurre	260 calories
	Enlevons 400 cal pour un repas régulier (1460 cal — 400 cal)	
6 avril	Pâques — Un petit morceau du lapin en chocolat de Julie	388 cal
	2 oz (56 g) de chocolat au lait	268 calories
	10 oz (280 mL) de boisson gazeuse	120 calories
20 avril	L'anniversaire de Mme Legros — Souper au restaurant chinois	909 cal
	6 côtes levées	123 calories
	2 pâtes impériaux (*egg rolls*) au porc	479 calories

	1/2 tasse (125 mL) de chow mein au poulet	87 calories	
	1/2 tasse (125 mL) de chop soui à la viande	90 calories	
	1/2 tasse (125 mL) de riz frit au poulet	137 calories	
	1/4 tasse (60 mL) de sauce aigre-douce	119 calories	
	2 verres de vin rouge	274 calories	
	Enlevons 400 cal pour un repas régulier (1309 cal — 400 cal)		
2 mai	Au cinéma — Faut voir ça: le meilleur film de l'année!		250 cal
	2 tasse (500 mL) de maïs éclaté	130 calories	
	10 oz (280 mL) de boisson gazeuse	120 calories	
16 mai	La fête des Mères — Repas à la rôtisserie		909 cal
	1 apéritif italien	167 calories	
	1 cuisse de poulet rôti	176 calories	
	1 portion de frites	155 calories	
	1/4 tasse (60 mL) de sauce barbecue	91 calories	
	1 petit pain	120 calories	
	1/2 tasse (125 mL) de salade de chou	60 calories	
	2 verres de vin blanc	170 calories	
	1 morceau de gâteau	370 calories	
	Enlevons 400 cal pour un repas régulier (1309 cal - 400 cal)		
4 juin	Le baptême du filleul — Quel beau buffet!		770 cal
	Je n'ai pas faim, mais il faut bien accompagner les autres		
	1 coupe de champagne	160 calories	
	1 sandwich (4 morceaux assortis)	300 calories	
	1/2 tasse (125 mL) de salade de pommes de terre	120 calories	
	Canapés et hors-d'oeuvre	150 calories	
	1 morceau de gâteau	370 calories	

	1 coupe de salade de fruits Enlevons 400 calories pour un repas régulier (1170 cal - 400 cal)	70 calories
20 juin	La fête des Pères — c'est à mon tour... Je me fête!	1163 cal
	1 morceau de sucre à la crème (mon cadeau)	115 calories
	10 oz (280 mL) de boisson gazeuse (cola)	95 calories
	2 morceaux de gâteau	890 calories
	1 boule de crème glacée	163 calories
1 er juillet	Le déménagement — pour se retrou- ver entre amis après la veillée	579 cal
	1/2 pizza de 10 po (25 cm) au pepperoni	459 calories
	10 oz (300 mL) de boisson gazeuse	120 calories
24 juillet	L'anniversaire de mariage des Le- gros — Un tête-à-tête au restaurant	700 cal
	1 apéritif	167 calories
	1 homard	208 calories
	2 c. à table (30 mL) de beurre à l'ail	200 calories
	1 tasse (250 mL) de riz	159 calories
	salade avec vinaigrette (15 65)	80 calories
	2 verres de vin blanc	170 calories
	1 éclair au chocolat	316 calories
	Enlevons 400 calories pour un repas régulier (1100 cal - 400 cal)	
4 août	Au bar laitier — 28 °C à l'ombre	300 cal
	1 cornet de crème glacée molle enrobée de chocolat	300 calories
10 août	L'anniversaire de Julie chez McDonald	1149 cal
	1 Big Mac	554 calories
	1 frite	210 calories
	1 boisson gazeuse	95 calories
	1 coupe glacée au chocolat	290 calories

8 septembre	Une dégustation de vins et fromages —		
	Je n'ai pas le choix!		912 cal
	1 oz (28 g) de camembert	84 calories	
	1 oz (28 g) de gouda	87 calories	
	1 oz (28 g) de cheddar	116 calories	
	1 oz (28 g) de gruyère	115 calories	
	1/3 de baguette de pain	320 calories	
	1 oz (28 g) de pâté de campagne	84 calories	
	1 oz (28 g) de pâté de foie gras	84 calories	
	1 pomme moyenne	70 calories	
	3 1/2 oz (100 mL) de vin blanc	85 calories	
	3 1/2 oz (100 mL) de vin rouge	137 calories	
	3 1/2 oz (100 mL) de vin rosé	130 calories	
	Enlevons 400 calories pour un repas		
	régulier (1312 cal - 400 cal)		
15 septembre	Le mariage de la soeur de M. Legros		
	— Ça s'arrose!		641 cal
	Au souper: 2 verres de vin rouge	214 calories	
	1 crème de menthe	67 calories	
	Pendant la soirée: 2 bières	300 calories	
18 octobre	Une invitation chez des amis — Il ne		
	faut pas les froisser en refusant		
	le dessert!		573 cal
	1 pointe de tarte aux pommes	410 calories	
	1 boule de crème glacée	163 calories	
31 octobre	L'Halloween — Les enfants ont reçu		
	tellement de sucreries qu'il faut		
	bien les aider!		222 cal
	1 oz (28 g) de fondant au chocolat	112 calories	
	6 bonbons durs	110 calories	
25 novembre	La Sainte-Catherine — Juste pour		
	y goûter		171 cal
	3 bonbons à la mélasse	171 calories	
4 décembre	En regardant la partie de hockey		530 cal
	2 bières	300 calories	
	2 tasses (500 mL) de croustilles	230 calories	
15 décembre	La réception au bureau — Avec les		
	compagnons de travail		1249 cal

2 bières	300 calories
2 tasses (500 mL) de croustilles	230 calories
1/4 tasse (60 mL) de cacahuètes	220 calories
10 bretzels	40 calories
1/2 pizza de 10 po (25 cm)	459 calories

24 décembre à minuit	Noël — Un réveillon dans toute l'année	1215 cal
	1 pointe de tourtière	451 calories
	2 tranches de dinde rôtie	160 calories
	2 c. à table (30 mL) de canneberges sucrées	51 calories
	1/2 tasse (125 mL) de pommes de terre en purée	92 calories
	1/2 tasse (125 mL) de petits pois	88 calories
	1 verre de vin blanc	85 calories
	1 beigne	125 calories
	1 boule de crème glacée	163 calories

De plus, M. Legros n'a pas voulu cesser de sucrer son café parce que ce n'était pas avec ses trois tasses de café sucré par jour qu'il prendrait du poids. Voyons s'il a raison.

2 c. à thé de sucre/tasse x 3 tasses/jour = 6 c. à thé de sucre/jour

6 c. à thé de sucre x 15 calories/c. à thé = 90 calories/jour

90 calories/jour x 365 jours/année = 32 850 cal

TOTAL   49 169 cal

Étant donné que 1 livre (0,45 kg) vaut 3500 calories, M. Legros aurait repris 14,1 livres (5,30 kg) durant l'année (49 169 ÷ 3500) en ne trichant... qu'une fois par année aux occasions spéciales. Pourtant, mis à part ces petits événements, M. Legros suivait très bien son régime; il lui avait fait perdre 12 livres (5,40 kg) durant l'année, mais les occasions spéciales l'ont fait engraisser de 14 livres. M. Legros a donc repris 2 livres (0,90 kg) au lieu de maigrir et ceci en suivant un régime!

Ce calcul n'est pas exagéré, car d'autres occasions spéciales ont été oubliées: les petites gâteries qu'on se permet chaque week-end, les vacances d'été, les pique-niques, les week-ends de camping, les sorties, les voyages, les autres fêtes et réceptions ainsi que les petites douceurs qu'on s'offre souvent en cachette! Mais n'oublions pas que *ce que l'on mange en cachette parait en public!*

Les petites calories sournoises

Ce sont souvent les petites calories qu'on ne calcule pas qui font une grosse différence à la fin de l'année. Par exemple, le sucre dans le café. Si M. Legros s'était habitué à prendre son café sans sucre, *il aurait perdu 9,3 livres durant l'année* en ne modifiant pas le reste de son alimentation.

Les produits laitiers dont le pourcentage en gras est élevé — la crème, le lait entier et le fromage — sont faciles à remplacer par des produits laitiers partiellement ou complètement écrémés. Et on y *gagne* en *perdant* des calories et du poids. Comparons les calories pour les 2 tasses (500 mL) recommandées quotidiennement pour un adulte:

2 tasses (500 mL) de lait entier	320 calories
2 tasses (500 mL) de lait partiellement écrémé	240 calories
2 tasses (500 mL) de lait écrémé	180 calories

Exemple 1 Si on remplace le lait entier par le lait 2%: on enlève 80 cal/jour ou 29 200 cal/année

Ce qui équivaut à *perdre 9,3 livres (3,68 kg)/année*

Exemple 2 Si on remplace le lait 2% par le lait écrémé: on enlève 60 cal/jour ou 21 900 cal/année

Ce qui équivaut à *perdre 6,3 livres (2,78 kg)/année*

Exemple 3 Si on remplace le lait entier par le lait écrémé: on enlève 140 cal/jour ou 51 100 cal/année

Ce qui équivaut à *perdre 14,6 livres (5,46 kg)/année*

C'est pourtant si simple à mettre en pratique!

Exemple 4 Supposons que vous buvez environ trois tasses (750 mL) de café par jour avec de la crème 15% et que vous décidiez de la remplacer par du lait partiellement écrémé 2%

1 godet de crème 15%: 25 calories (x 3 = 75 cal/jour)

1 godet de lait 2%: 11 calories (x 3 = 33 cal/jour)

En remplaçant la crème 15% par le lait 2%: on perd 42 cal/jour *ou* 15 330 cal/année

Ce qui équivaut à *perdre 4,4 livres (1,9 kg)/année*

Exemple 5 Supposons que vous prenez environ 1 once (30 g) d'un des fromages suivants par jour (gouda, édam, mozarrella, cheddar, camembert, brie, oka, roquefort, gruyère transformé) et que vous décidiez de le remplacer par un fromage au lait écrémé:

1 oz (30 g) d'un des fromages mentionnés ci-haut: 101 calories (en moyenne)

1 oz (30 g) de fromage au lait écrémé: 51 calories

En remplaçant la plupart des fromages par un fromage au lait écrémé:

> on perd 50 cal/jour
>
> on perd 18 280 cal/année

Ce qui équivaut à *perdre 5,2 livres (2,3 kg)/année*

En résumé

Si vous voulez **perdre 27 livres par année sans trop souffrir**, suivez ces conseils chaque jour.

1. Supprimez les deux sachets de sucre que vous utilisez dans vos trois tasses de café quotidiennes   9,3 livres (4,1 kg).

2. Remplacez les deux tasses de lait entier que vous utilisez durant la journée pour boire ou pour cuisiner par du lait 2%   8,3 livres (3,6 kg)

3. Remplacez vos trois godets de crème 15% par du lait 2%
                                                          4,4 livres (1,9 kg)

4. Remplacez 1 once (30 g) de fromage gras par 1 once (30 g) de fromage au lait écrémé   5,2 livres (2,3 kg)

                              TOTAL   27,2 livres (12,2 kg)

Ces exemples nous montrent que souvent les petits détails font une grosse différence!

Quand la santé part en vacances...

Enfin, les vacances! C'est bon pour le moral, mais souvent désastreux pour le physique. On se nourrit moins bien pour différen-

REMPLACEZ VOTRE CARTE D'ASSURANCE-MALADIE ...

PAR ...

...VOTRE CARTE D'ASSURANCE - SANTÉ

tes raisons: Horaire changé et repas pris à n'importe quelle heure.

Repas souvent transformés en collations plus ou moins nutritives. Boissons gazeuses, crème glacée, bière et sucettes glacées pour se rafraîchir en été; boissons alcooliques, sucreries et pâtisseries pour se réchauffer en hiver. Aliments utilisés comme récompense: "Je suis en vacances, je peux me permettre une petite gâterie!"

Repas souvent pris à l'extérieur et dans des endroits où les aliments ne sont pas toujours conformes aux règles de la bonne alimentation, les casse-croûte, par exemple. Sorties souvent associées à un ou plusieurs aliments peu nutritifs qui font grossir, par exemple:

Cinéma: boissons gazeuses, croustilles.

Pique-nique: sandwich, pâtisseries, boissons gazeuses.

Casse-croûte: fritures, boissons gazeuses.

Plage: cocktails alcoolisés, bière, boissons gazeuses.

Restaurant: boissons alcooliques, pâtisseries, fritures, sauces.

Réceptions: goûters copieux.

Noces: boissons alcooliques.

Nous avons déjà vu qu'il était facile de prendre du poids en vacances. On se dit: "Tant pis, je maigrirai à la rentrée." On oublie que ce n'est pas uniquement une question de poids, mais surtout une question de santé. Et si la santé partait en vacances pour se reposer de nos vacances? Les problèmes n'apparaissent pas nécessairement après une période de vacances, mais plutôt à la suite de plusieurs vacances. Quand la santé en a assez, elle flanche!

Il est possible de bien manger à l'extérieur. Les pages suivantes vous placeront dans quelques situations où vous avez à faire un choix d'aliments. Même si ce n'est pas toujours facile de bien s'alimenter dans ces cas-là, c'est quand même possible... si on prend le temps de choisir. Même lorsqu'on nous offre seulement une petite chose à grignoter, la décision de l'accepter ou de la refuser nous appartient. Dire non est aussi facile que dire oui, mais cela exige plus de volonté. Maintenant voyons comment vous agiriez dans dix situations courantes.

Repas chez des voisins

Votre voisine vous téléphone pour vos inviter à dîner. Elle insiste, car elle a préparé vos mets préférés et vous fait part du menu pour vous inciter à accepter son invitation.

Saint-Raphaël et canapés

Soupe Minestrone

Coq au vin et riz persillé

Salade de chou sauce mayonnaise

Pain chaud et beurre d'échalote

Bourgogne

Gâteau aux fraises Chantilly

Café espagnol

Depuis une semaine, votre mari et vous suivez un régime amaigrissant. L'invitation est tentante, mais vous hésitez devant ce menu riche en calories. Que lui répondez-vous? Cochez le cercle correspondant à votre réponse.

1. Vous refusez carrément l'invitation.

2. Vous ne pouvez refuser en pensant à ces bons mets; vous acceptez en vous proposant de bien manger et de remettre le régime à plus tard.

3. Vous y allez mais vous ne mangez presque rien. Vous dites à votre voisine que vous êtes au régime et que son dîner est trop riche.

4. Vous jeûnez toute la journée pour faire un gros repas ce soir-là.

5. Vous mangez un peu de tout mais en petites portions.

6. Vous omettez volontairement certains aliments tels que les canapés, le pain, le beurre, les boissons alcooliques et le dessert.

Vous avez fait votre choix? Voyons ensemble quelle serait la meilleure solution. La plus acceptable serait la sixième. Vos amis ne remarqueront même pas que vous ne touchez ni au pain, ni au beurre, ni aux amuse-gueule. Quant au dessert, refusez en disant que le gâteau a l'air délicieux mais que vous n'avez plus faim. Refusez poliment l'apéritif et le digestif. Si vos amis insistent pour que vous goûtiez au vin qu'ils ont acheté spécialement pour l'occasion, prenez-en un petit verre, laissez un peu de riz et de sauce dans votre assiette. Ainsi, vous aurez pris un repas agréable sans trop vous priver mais sans avoir fait d'excès. Le lendemain, essayez de faire un peu plus d'exercice.

Voyons un peu les autres réponses proposées. La première n'est vraiment pas la meilleure car vous risquez de décevoir vos amis; être au régime n'est pas une raison pour s'isoler ou refuser les invitations. Il faut quand même avoir une vie sociale; c'est important pour le moral. Il est essentiel d'intégrer son régime à la vie quotidienne, sinon on devient déprimé et on se sent à part des autres au bout d'un certain temps; c'est souvent à ce moment-là qu'on laisse tomber le régime et qu'on revient aux anciennes habitudes alimentaires.

La deuxième n'est également pas conseillée. Vous aurez de la difficulté à perdre du poids si vous ne faites pas attention lorsque vous mangez à l'extérieur, surtout si vous sortez souvent. N'oubliez pas qu'un repas comme celui-là représente environ 1900 calories. Alors, si votre régime vous restreint à 1000 ou à 1200 calories...

La troisième réponse est à éviter, bien entendu. Il ne faut jamais dire à ses hôtes qu'on est au régime. Ils auront mille arguments: "Vous le suivrez demain; aujourd'hui on fête!... Vous n'êtes pas si gros!... Pourquoi se priver? La vie est si courte! Pour une fois, ce n'est pas si grave." De plus, il faut éviter de blesser ses hôtes.

Ne rien manger de la journée peut peut-être vous donner bonne conscience. Mais, vous êtes-vous rendu compte que vous dépassiez quand même le nombre de calories prescrit avec ce seul repas? De plus, ce n'est pas bon de laisser l'estomac vide pendant douze heures et de le remplir à pleine capacité pendant une heure ou deux. Ce n'est sûrement pas la soirée que vous passerez à bavarder ou la nuit que vous passerez à dormir qui vous fera brûler toutes ces calories.

La cinquième solution n'aurait pas été si mal si le repas avait été un peu moins élaboré. Dans la situation actuelle, un peu de tout c'est encore trop: trois sortes de boissons alcooliques, trois féculents (le riz, le pain et le gâteau), beaucoup de gras (les amuse-gueule, le gras de la sauce, le beurre ajouté au riz lors de sa préparation, la mayonnaise, le beurre d'échalote, la crème fouettée du gâteau et la crème du café) et beaucoup trop de sucre (l'apéritif, le digestif, le gâteau et l'alcool, du café). Par contre, si on vous offrait un repas moins copieux, pas d'alcool et un dessert moins riche, il serait alors acceptable de prendre un peu de tout mais en plus petite quantité. Il ne faut pas se croire obligé de vider son assiette! Si on vous fait des commentaires à ce sujet, vous pouvez toujours dire que c'était délicieux mais que vous n'avez vraiment plus faim. N'oubliez pas qu'il faut de la volonté pour ne pas tout manger quand on a un bon appétit et qu'on se trouve devant son mets préféré. Si vous savez qu'en goûtant à votre gâteau préféré vous ne pourrez vous empêcher de terminer le gros morceau qu'on vous a servi ou d'en demander un deuxième, il vaut mieux le refuser complètement.

Situation numéro 2

Réception à la maison

C'est l'anniversaire de votre meilleure amie et vous l'avez invitée à dîner chez vous avec son mari. Vous avez récemment remarqué que vous aviez pris du poids pendant les fêtes et, depuis une semaine, vous essayez de perdre quelques livres. Quel repas préparerez-vous à vos amis? Choisissez la solution la plus acceptable.

1. Vous mangez à part des autres pour poursuivre votre régime.

2. Vous préparez les plats qu'ils préfèrent, mais vous utilisez moins de sucre et moins de gras. Vous mangez la même chose que les autres mais en plus petite quantité.

3. Vous mangez avec excès et vous essayez de vous justifier en disant que vous ne voulez pas que vos invités soient gênés de manger beaucoup. Vous vous trouvez des prétextes.

4. Vous préparez un repas très sobre: jus de tomate, poisson poché, salade nature, légumes, tisane. Vous ne préparez pas de dessert, n'offrez ni pain, ni beurre, ni pommes de terre. Vous dites à vos invités qu'ils sont trop gros, eux aussi.

5. Vous servez des mini-portions. Vous dites à vos invités que vous êtes au régime et qu'il ne faut pas vous tenter.

Vous l'avez deviné, la deuxième réponse est la meilleure. Il est possible de modifier les recettes afin de diminuer leur valeur calorique sans que la saveur ni l'apparence du produit final soit affectées. Par exemple, vous pouvez utiliser moins de sucre et moins de gras dans plusieurs recettes sans qu'il n'y paraisse. Vous en avez plusieurs exemples au cinquième chapitre. En procédant de cette façon, vous pourrez préparer vos plats préférés même si vous suivez un régime; vous n'aurez pas l'impression de vous priver et vous ne serez pas obligé de manger différemment des autres. Souvent, une légère modification que personne ne remarquera suffit pour réduire de beaucoup la richesse d'un plat.

La première solution n'est pas conseillée. Il faut autant que possible s'efforcer de manger la même chose que les autres même quand on suit un régime et surtout lorsqu'on reçoit des invités. Tout d'abord, rares sont les personnes qui ont le temps de préparer deux menus différents. Ensuite, la plupart des gens qui optent pour le système des menus différents ne le font pas longtemps; ils se fatiguent de manger souvent la même chose et se sentent trop privés. Ils reprennent alors leurs anciennes habitudes et les quelques livres qu'ils avaient perdues. Tant d'efforts inutiles! C'est désolant et décourageant.

Le troisième choix est à éviter, car les prétextes pour tricher sont si nombreux qu'on ne réussit pas à perdre du poids à la longue. Rappelez-vous qu'une exception une fois par année multipliée par une centaine d'exceptions par année paraît sur la balance!

Quant aux deux dernières suggestions, disons que vous risquez de ne pas garder vos amis très longtemps.

Situation numéro 3

Buffet froid

On organise un buffet froid pour une réunion entre compagnons de travail. Faites un choix parmi tous les mets offerts, en supposant que vous suivez un régime amaigrissant. Soulignez les mets qui constitueront votre repas.

Premier plateau
Languettes de poivron vert et rouge
Concombre
Tomates cerises sur feuilles de laitue
Betteraves marinées
Olives noires

Deuxième plateau
Biscottes garnies de pâté de foie
Fromage assortis
Oeufs farcis
Avocats farcis aux crevettes

Troisième plateau
Salade de laitue et d'épinards (vinaigrette à part)
Salade de chou rouge sauce mayonnaise
Salade de pommes de terre sauce mayonnaise
Salade de riz et poulet (vinaigrette à part)
Salade de jambon à l'ananas sauce mayonnaise
Salade de carottes (mayonnaise à part)

Quatrième plateau
Viandes froides assorties: jambon, dinde, rôti de boeuf, salami
Aspic au poulet

Cinquième plateau
Quartiers de sandwiches: au saumon, à la dinde, au jambon, aux oeufs, au fromage
Petits pains à salade farcis: au thon, aux cretons, aux crevettes, au poulet

Sixième plateau
Tartelettes
Pâtisseries françaises
Gâteau de la Forêt noire
Mousse au chocolat
Salade de fruits frais

Septième plateau
Fruits frais: raisin, pommes, poires, pêches, abricots, fraises
Boissons
Jus de légumes
Jus de fruits
Punch aux fruits
Bière et vin
Thé, café et lait

C'est plus difficile de faire un choix raisonnable devant une table bien garnie. Toutes les tentations sont sous nos yeux! De plus, les plats sont toujours bien décorés et disposés de façon originale ou présentés en pièces montées, ou pour que vous ne puissiez pas résister. Quoi de plus alléchant que la vue et l'odeur des mets! Lors d'un buffet, on se sert à volonté et c'est souvent pour cette raison que la volonté finit par flancher! Lorsqu'on voit défiler les convivres avec des assiettes débordantes de bonnes choses, on se croit obligé de les imiter. "Je ne suis pas pire que les autres! Après tout, c'est une petite réunion amicale et il faut bien s'amuser!" Voyons comment il est possible de s'amuser... sans jeûner ni engraisser!

Comparer le contenu de ces deux assiettes et faites votre choix.

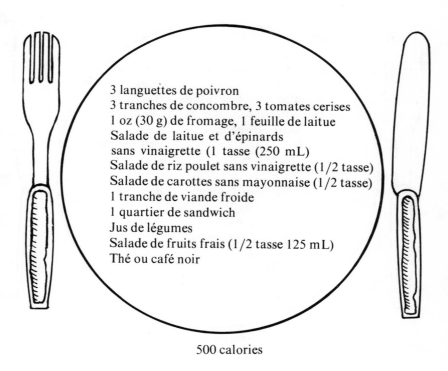

3 languettes de poivron
3 tranches de concombre, 3 tomates cerises
1 oz (30 g) de fromage, 1 feuille de laitue
Salade de laitue et d'épinards
sans vinaigrette (1 tasse (250 mL)
Salade de riz poulet sans vinaigrette (1/2 tasse)
Salade de carottes sans mayonnaise (1/2 tasse)
1 tranche de viande froide
1 quartier de sandwich
Jus de légumes
Salade de fruits frais (1/2 tasse 125 mL)
Thé ou café noir

500 calories

Équivalence: 1 portion de pain
3 oz (90 g) de viande
1 fruit
2 légumes comptoir A
2 légumes comptoir B
1 portion de gras

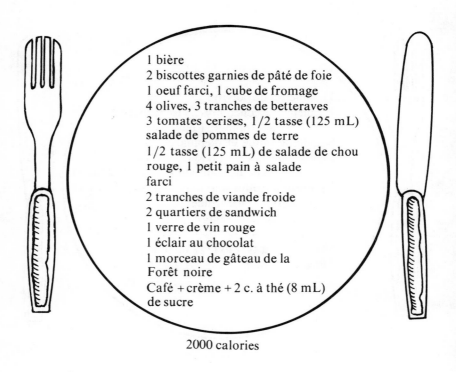

1 bière
2 biscottes garnies de pâté de foie
1 oeuf farci, 1 cube de fromage
4 olives, 3 tranches de betteraves
3 tomates cerises, 1/2 tasse (125 mL)
salade de pommes de terre
1/2 tasse (125 mL) de salade de chou
rouge, 1 petit pain à salade
farci
2 tranches de viande froide
2 quartiers de sandwich
1 verre de vin rouge
1 éclair au chocolat
1 morceau de gâteau de la
Forêt noire
Café + crème + 2 c. à thé (8 mL)
de sucre

2000 calories

En comparant la valeur calorique des deux assiettes, on a vite fait son choix! La première fournit quatre fois moins de calories que la deuxième; pourtant, elle est aussi bien garnie et aussi appétissante que l'autre. C'est tout simplement une question de choix. D'autres compositions auraient été tout aussi acceptables. Voici quelques aliments qu'il est possible de remplacer dans la première assiette pour obtenir la même valeur nutritive.

— 1/2 tasse (125 mL) de salade riz et poulet = 1 quartier de sandwich = 1 petit pain farci

— 1/2 tasse (125 mL) de salade de fruits frais = 1 fruit frais ou 4 oz de jus de fruit

— 1 cube de fromage cheddar = 1 oeuf farci (contient 1 portion additionnelle de gras)

Si vous ne pouvez résister à l'envie de prendre un verre de vin pour arroser le tout, soustrayez une portion de pain de votre ration quotidienne un peu plus tôt durant la journée (au dîner, par exemple) et vous pourrez prendre un petit verre de vin blanc. Le vin blanc contient un peu moins de calories que le vin rouge.

Commentons un peu les mets de la deuxième assiette.

Le saviez-vous?

— La bière et un des desserts choisis par le deuxième convive donnent autant de calories que tout le contenu de la première assiette.

Première assiette = 500 calories

1 éclair au chocolat +
1 bière = 466 calories

Repas complet
Première assiette

1 bière
1 éclair au chocolat

500 calories
Excellente valeur nutritive
Presque pas de gras
Très peu de sucre

466 calories
Valeur nutritive presque nulle
Beaucoup de gras
Beaucoup de sucre

— Un café avec de la crème et du sucre contient plus de calories qu'une bonne portion de salade verte avec un jus de tomate.

 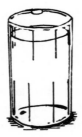 

Salade verte + jus de tomate
3/4 de tasse   6 onces
(185 mL)   (185 mL)
46 calories + vitamines

Café + crème+2 c. à thé
(8 mL) de sucre

63 calories + rien d'autre

— Trois cornichons sucrés équivalent à 1/2 tasse (125 mL) de salade de riz et poulet au point de vue calorique.

3 cornichons sucrés
90 calories

1/2 tasse (125 mL) de salade
de riz et poulet
90 calories

— Les boissons alcooliques sont riches en calories.

3 1/2 oz de vin rouge

137 calories

Aucune valeur nutritive

1/2 tasse (125 mL) de salade de riz et poulet + 1/2 tasse (125 mL) de salade de carottes

138 calories

+ vitamines A, B, C, un peu de fer et de protéines

Grâce à ces comparaisons il est facile de se rendre compte que ce n'est pas la quantité, mais bien la qualité des aliments que l'on consomme qui importe le plus.

Situation numéro 4

Casse-croûte

Les restaurants où l'on sert des repas légers sont des endroits très fréquentés parce qu'ils ont l'avantage d'offrir un service rapide et des repas économiques. Certains d'entre eux sont aménagés pour que la clientèle puisse manger en plein air durant la saison chaude. Mais les inconvénients sont nombreux si l'on pense au type de nourriture offerte la plupart sont bon marché mais ne valent pas cher! On y trouve beaucoup de friture, de pain, de pâtes grasses, d'aliments à calories vides — croustilles, boissons gazeuses, bonbons, chocolat et pâtisseries. Rares sont ceux où l'on offre des fruits, des légumes et de vrais jus de fruits. Lorsqu'on surveille son poids, le choix devient encore plus difficile.

Il est quand même possible d'y faire un repas acceptable. On doit tout d'abord éliminer les fritures telles que les frites, les rondelles d'oignons frites, les croustilles, les saucisses enrobées de pâte et le poulet pané, tous les aliments sucrés comme les bonbons, les boissons gazeuses, les sucettes glacées, la crème glacée et les desserts à base de crème glacée ainsi que les pâtisseries, le chocolat et la gomme à mâcher. Résistez également à la tentation de commander de la pizza, des mets chinois, des club sandwiches et tout ce qui est servi avec une sauce tel le sandwich au poulet chaud.

Que reste-t-il? Le choix le plus judicieux serait le sandwich. Évitez autant que possible les sandwiches avec du bacon et ceux pour lesquels on utilise beaucoup de beurre tel que le sandwich au fromage grillé (ou *grill cheese*). Vous pouvez choisir l'un ou l'autre de ces sandwiches: au poulet, au jambon, aux oeufs, au fromage, au jambon et tomates. Si vous désirez un sandwich aux tomates avec de la laitue, il faudrait l'accompagner d'un morceau de fromage ou d'un oeuf à la coque pour qu'il constitue un repas complet. Le sandwich peut être remplacé par un *hamburger* parce que leur valeur nutritive et calorique est équivalente. Par contre, le *chesseburger* contient environ 100 calories de plus et ne serait pas le choix le plus recommandable si vous désirez perdre du poids. Le *hot-dog* est équivalent au sandwich et au *hamburger* au point de vue des calories, mais il n'est pas conseillé, vu la faible valeur nutritive ainsi que la haute teneur en gras et en sel de la saucisse à *hot-dog*. Il en est de même pour les sandwiches préparés avec des viandes pressées telles que le simili-poulet, le saucisson de Bologne, le salami et les conserves de viandes pressées. Vous pouvez accompagner votre sandwich d'un jus de tomate ou de légumes, ou d'une salade de choux; vous auriez ainsi consommé au moins un légume.

Il vaut mieux se passer de dessert au restaurant-minute parce que la plupart sont gras et sucrés. Certains bars laitiers vendent du yogourt, un choix excellent. Une autre solution serait de vous apporter un fruit. Comme boisson, le thé et le café sans sucre fournissent une quantité négligeable de calories et sont préférables aux boissons gazeuses. Si des jus sont offerts, prenez garde! La plupart du temps, ce sont des boissons à base d'arômes artificiels ou préparées avec des poudres aromatisées artificiellement qui ne contiennent que de l'eau, du sucre, des colorants et des produits chimiques.

Voyons maintenant comment calculer un repas léger lorsque vous suivez un régime amaigrissant.

1 sandwich **ou** 1 *hamburger*	= 2 portions de pain 2 oz (60 g) viande 1 portion de gras
Salade de chou	= 1 légume du comptoir A + 1 portion de gras
Thé ou café sans sucre	Pauvre en calories
Eau glacée	Aucune calorie
On peut ajouter 1 fruit	1 fruit
ou 4 oz (112 mL) de yogourt aux fruits	1 portion de produits laitiers 1 fruit

Situation numéro 5

Gâteau d'anniversaire

C'est l'anniversaire d'un de vos enfants et, naturellement, il veut un gâteau. Parmi les gâteaux suivants, lequel (ou lesquels) serait(ent) acceptable(s) pour les membres de la famille qui surveillent leur poids. Il doit tout de même être appétissant et avoir vraiment l'air d'un gâteau d'anniversaire.

1. Gâteau de Savoie garni de confiture de fraises et de crème fouettée   ....

2. Gâteau au chocolat non glacé garni de crème glacée   ....

3. Gâteau des anges sans garniture ni glaçage   ....

4. Gâteau aux fraises Chantilly   ....

5. Gâteau de Savoie garni de compote de pommes non sucrée   ....

6. Gâteau des anges garni de meringue et de fraises fraîches   ....

7. Gâteau blanc glacé   ....

8. Gâteau d'anniversaire acheté à la pâtisserie   ....

9. Gâteau de la Forêt noire   ....

10. Gâteau roulé à la gelée de fraises   ....

11. Gâteau des anges garni de mousse aux fraises   ....

12. Alaska flambé   ....

Parmi les douze suggestions, les plus appropriées seraient la sixième et la onzième. Un petit morceau de gâteau des anges équivaut à une tranche de pain (il faudrait en tenir compte pendant la journée). La meringue fournit moins de calories qu'un glaçage à gâteau ou que la crème fouettée. Vous n'avez qu'à utiliser un peu moins de sucre dans votre recette et ne pas mettre beaucoup de meringue sur le gâteau. Les fraises fraîches (ou un autre fruit) apportent peu de calories mais beaucoup de vitamines et de couleur. De plus, ce gâteau est beau, appétissant, délicieux et léger. Ajoutez-y des bougies, décorez la table et votre enfant sera content.

Le numéro 11, c'est-à-dire le gâteau des anges garni de mousse aux fraises est équivalent au choix numéro 6 au point de vue des calories. C'est aussi une façon originale de présenter votre gâteau.

Mousse aux fraises

Fouetter 1 blanc d'oeuf avec 1 tasse (225 mL) de fraises et 1/4 de tasse (60 mL) de sucre jusqu'à l'obtention d'une mousse ferme. Étaler sur le gâteau et servir.

N.B. On ne peut pas préparer ce gâteau à l'avance car la mousse n'aurait pas aussi belle apparence.

Variante

On peut remplacer les fraises par des framboises.

On peut aussi utiliser des fraises surgelées décongelées à condition de bien les égoutter avant de faire la mousse.

Équivalence: 1 petite pointe (1 cm) = 1 portion de pain
1 fruit

Il est possible de diminuer de moitié la quantité de sucre utilisée pour faire un gâteau sans affecter la qualité du produit final. Si vous préparez votre gâteau des anges vous-même, vous pouvez l'essayer. Le résultat est surprenant car on ne s'aperçoit pas de la modification.

Deux autres gâteaux seraient acceptables au point de vue des calories mais leurs apparence laisse un peu à désirer: le gâteau des anges sans glaçage, ni garniture (un peu sec, n'est-ce pas?) et le gâteau de Savoie garni de compote de pommes non sucrée (pas mal blême, trouvez-vous?).

Boîte à lunch

M. Lebrun est obèse. Il doit emporter son lunch où il travaille. Son emploi exige une activité moyenne, mais il doit surveiller son poids. Voyons ce qu'il a préparé aujourd'hui.

Soupe aux légumes et aux pâtes alimentaires (dans un thermos)
6 craquelins beurrés
1 sandwich aux cretons
1 sandwich au jambon et au fromage
4 moitiés de pêches en conserve avec leur sirop
4 biscuits aux brisures de chocolat
Café avec 1 sachet de sucre et 1 oz (30 mL) de crème 10% (cantine)
Collation: boisson à l'orange aromatisée artificiellement.

Pour aider M. Lebrun qui ne réussit pas toujours à équilibrer son menu, essayons de modifier avec lui le contenu de sa boîte à lunch.

— Soupe aux légumes: On peut préparer une bonne soupe aux légumes avec du bouillon sans ajouter de pâtes alimentaires. Les craquelins peuvent être supprimés.

— Sandwiches: Les cretons sont très gras; il est préférable de ne pas en manger, à moins qu'ils soient préparés avec du veau. M. Lebrun pourrait emporter un sandwich au jambon et un sandwich au fromage.

N.B. Il existe du fromage fait de lait écrémé en pot, en brique ou en tranches emballées individuellement. Des bâtonnets de céleri, des radis, des tranches de tomate ou de concombre peuvent être ajoutées au menu sans remord.

— Desserts: Il faudrait éliminer le sirop et passer les fruits à l'eau froide pour avoir l'équivalent de deux fruits frais. Les biscuits aux brisures de cho-

— Boisson: colat sont gras et sucrés; il serait préférable de les exclure.

Il est préférable de s'habituer à boire du café sans sucre et sans crème. Si le lait n'est pas disponible à la cantine, il faudrait prévoir une demi-portion de godet de crème ou s'en passer.

— Collation: Un fruit frais serait bien meilleur au goût qu'une imitation de jus qui contient beaucoup de sucre et dont la valeur nutritive est presque nulle.

À l'occasion, M. Lebrun emporte un jus de tomate au lieu d'une soupe; il utilise aussi son thermos pour emporter un mets chaud au lieu de manger des sandwiches. Pouvez-vous faire deux suggestions à M. Lebrun pour remplacer ce qu'il a l'habitude de mettre dans son thermos, c'est-à-dire du ragoût de boulettes en conserve et des fèves au lard très grasses?

Il peut y mettre du boeuf aux légumes (dégraissé) ou, encore, une sauce blanche aux oeufs, au poulet ou au saumon. Un macaroni à la viande ou au fromage ainsi que des spaghetti avec une sauce à la viande seraient des choix appropriés.

Équivalences

1 tasse (250 mL) de macaroni au fromage	2 portions de pain + 2 oz (60 g) de viande + 2 portions de gras + 1 portion de produits laitiers
1 tasse (250 mL) de spaghetti sauce à la viande	2 portions de pain + 2 oz (60 g) de viande + 2 portions de gras
1 tasse (250 mL) de sauce blanche aux oeufs, au poulet ou au saumon	2 portions de produits laitiers + 1 portion de pain + 2 portions de gras + 2 oz (60 g) de viande

1 tasse (250 mL) de boeuf aux légumes (dégraissé)	2 oz (60 g) de viande +2 légumes du comptoir B

Pour compléter les portions de pain permises, M. Lebrun pourrait emporter deux tranches de pain avec ces mets, étant donné que: 2 sandwiches = 4 portions de pain + 2 à 4 oz (95 à 115 g) de viande + 2 portions de gras.

Pour en diminuer la valeur calorique, la sauce blanche pourrait être préparée avec du lait écrémé ou partiellement écrémé (1% ou 2% de matières grasses) et le macaroni au fromage serait tout aussi délicieux avec du fromage au lait écrémé. Quant aux spaghetti sauce à la viande, on peut employer peu ou pas de matière grasse pour faire la sauce si la viande est cuite dans un poêlon teflon.

Situation numéro 7

Repas au restaurant

Mais oui, il est possible de manger au restaurant tous les jours sans engraisser. Mais tout dépend de ce que l'on commande et en quelle quantité: un bifteck de 12 onces (335 g), c'est la portion de quatre jours en un seul repas!

Pour commencer le repas, on peut boire un jus de tomate ou un jus de légumes pour remplacer la soupe, car on ne sait pas à l'avance si le bouillon est gras ou maigre. Essayez de ne pas vous laisser tenter par le pain chaud, les craquelins, les biscottes, les bâtonnets de pain et le beurre que l'on apporte toujours au début du repas; ce sont des calories dont vous pouvez fort bien vous passer.

La plupart des restaurants offrent un éventail de plats de résistance. À vous de choisir!

— Cuisse ou poitrine de poulet. Laissez la peau et la sauce dans votre assiette.

— Bifteck grillé, en petite portion. Si la portion est trop généreuse, ne vous sentez pas obligé de tout manger.

— Boeuf haché, en petite portion, sans sauce ni oignons frits.

— Rôti de boeuf ou de veau, en petite portion et sans sauce.

— Dinde rôtie sans sauce brune ni sauce aux canneberges.

— Foie, en petite portion, sans sauce ni oignons frits, ni bacon.

— Brochette de boeuf ou d'agneau. Laissez un peu de riz dans votre assiette, car les portions sont toujours trop grosses.

— Filet de poisson, sauf s'il est pané.

— Fruits de mer grillés tels que pétoncles, homard, crevettes, crabe et autres, sans beurre à l'ail. Attention à la quantité de riz!

— Salade au poulet, au saumon, aux crevettes, au homard, aux oeufs, au thon, ou au jambon.

— Omelette au fromage, aux champignons, au jambon ou nature.

Pour accompagner votre portion de viande, vous pouvez prendre une portion de légumes cuits ou une salade sans mayonnaise ni vinaigrette, si possible, ainsi qu'une pomme de terre si vous ne mangez pas d'autres féculents tels que du riz, du pain, des pâtes alimentaires ou des biscuits secs. Spécifiez toujours que vous désirez des pommes de terre bouillies, au four ou en purée, sinon on vous servira probablement des frites très grasses. Évitez les boissons alcooliques.

Le choix de desserts est plutôt limité dans les restaurants. À part la salade de fruits frais ou le yogourt, il ne vous reste que les fruits en conserve pour compléter votre repas. Ne demandez pas qu'on rince les fruits lorsque vous êtes au restaurant! Il suffit de laisser le sirop dans la coupe. Terminez par un café ou un thé sans sucre; n'oubliez pas que vous pouvez demander du lait au lieu de la crème pour votre café. Ainsi, vous aurez pris un bon repas au restaurant et vous ne risquerez pas de faire monter l'aiguille de la balance.

Voici les mets à éviter au restaurant si vous surveillez votre poids.

— Les fritures et les aliments panés.

— Les mets chinois: côtes levées, pâtés impériaux (*egg rolls*), riz frit, nouillettes frites, poulet frit à l'ananas.

— Mets italiens: pizza, lasagne, spaghetti, ravioli, rigatoni.

— Le sandwich club, le sandwich chaud au poulet, les sous-marins, le *hamburger* en sauce.

— Les plats en sauce: boeuf bourguignon, vol-au-vent.

— Mets québécois: tourtières, fèves au lard, ragoût.

— Charcuterie: rilettes, salami de Gênes, saucisson tyrolien.

— Les pâtés: à la viande, au poulet, au saumon.

— Les légumes frits: oignons, champignons, pommes de terre.

— Les soupes grasses et consistantes.

— Le pain et le beurre.

— Les portions trop généreuses: un demi-poulet, un bifteck de 6,8, 10 ou 12 onces (170, 225, 280 ou 335 g), le poulet en panier, par exemple.

— Les boissons gazeuses et alcooliques.

— Les desserts, sauf les fruits frais ou les fruits en conserve sans sirop, le yogourt et les biscuits secs.

menu du jour

$404 calories

La table des fines tailles

	dollars-calories
Jus de tomate	$ 30
Quart de poulet (poitrine)	$177
ou	
Rôti de boeuf (3 onces) (84 g)	$208
ou	
Filet de sole meunière	$172
ou	
Omelette aux champignons	$200
Pomme de terre au four	$ 90
Macédoine de légumes	$ 48
Salade de fruits frais	$ 45
Thé sans sucre	$ 2

Sara Mincy, cuisinière en chef

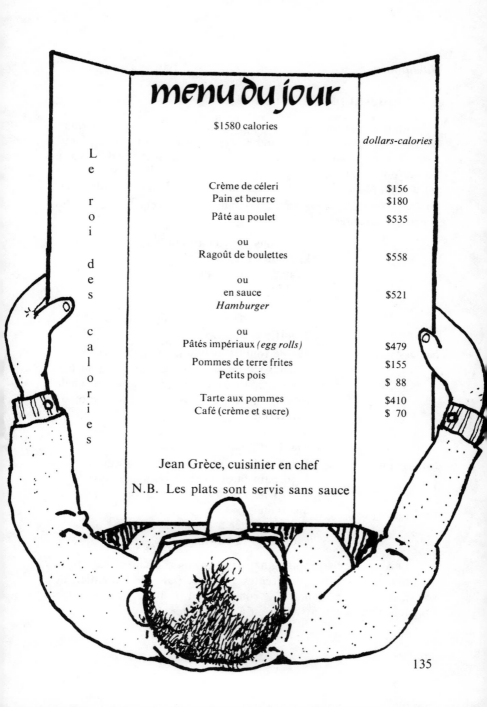

menu du jour

$1580 calories

Le roi des calories

	dollars-calories
Crème de céleri	$156
Pain et beurre	$180
Pâté au poulet	$535
ou	
Ragoût de boulettes	$558
ou	
en sauce	$521
Hamburger	
ou	
Pâtés impériaux *(egg rolls)*	$479
Pommes de terre frites	$155
Petits pois	$ 88
Tarte aux pommes	$410
Café (crème et sucre)	$ 70

Jean Grèce, cuisinier en chef

N.B. Les plats sont servis sans sauce

135

Un pique-nique

Vous suivez un régime amaigrissant de 1200 calories par jour. Vous voulez faire un pique-nique avec votre mari et vos enfants, samedi midi. Vous vous demandez ce que vous mettrez dans votre panier pour plaire à tous les membres de la famille et ne préparer qu'un seul repas. Évidemment, les enfants raffolent des sandwiches.

a) Qu'emporterez-vous en pique-nique si votre régime prescrit les portions suivantes?

2 portions de produits laitiers
Légume du comptoir B
Légumes du comptoir A
2 fruits
4 portions de pain
2 portions de viande ou de substituts
2 portions de gras

Suggestion 1
Jus de tomate et bâtonnets de céleri
1 sandwich au jambon, au poulet ou au fromage préparé avec 2 oz (56 g) de viande ou de fromage et 1 c. à thé (4 mL) de beurre ou de margarine
Yogourt aux fruits
Thé (thermos)

Suggestion 2
Feuilles de laitue et tomates en quartiers
Petit pain farci au thon ou au saumon (2 oz (56 g) de poisson et 1 c. à thé (4 mL) de mayonnaise)
Blanc-manger à la vanille
Café sans sucre (thermos)

Laissez aller votre imagination et inventez d'autres garnitures à sandwiches. Utilisez différentes sortes de pain: de blé entier, de seigle, d'avoine, de son, de blé concassé, au fromage, aux raisins, à l'oignon, aux oeufs, à salade ou à *hamburger*.

Les légumes et les fruits sont abondants durant l'été et on peut les déguster crus; ils sont plus nutritifs, s'apportent bien en pique-nique et ne requièrent aucune préparation spéciale.

Lorsque vous emportez des produits laitiers tels que du lait, du yogourt, du blanc-manger, une crème-dessert ou du fromage, une glacière pour éviter tout danger de contamination. Les sandwiches devront être conservés au froid. Si vous utilisez de la mayonnaise dans les garnitures à sandwiches, ne les préparez pas trop à l'avance et conservez-les au froid jusqu'à l'heure du repas.

Équivalences   1 légume du comptoir A
2 portions de pain
1 portion de produits laitiers
1 fruit
1 portion de viande ou substitut
1 portion de gras

b) Que vous reste-t-il pour les deux autres repas et les goûters?

Déjeuner   1 fruit ou un jus de fruit non sucré
3/4 tasse (185 mL) de céréales non sucrées
1/2 tasse (125 mL) de lait 2%
1 oz (28 g) de fromage ou un oeuf dur
Café sans sucre avec 1 oz (30 mL) de lait 2%
(facultatif)

Dîner   Voir les exemples de pique-nique en *a)*.

Souper   Bouillon maigre, si désiré
3 oz (84 g) de viande maigre sans sauce
1 c. à thé (4 mL) de beurre ou de margarine
pour la cuisson
1 pomme de terre bouillie ou au four
1/2 tasse (125 mL) de carottes, de petits pois
ou de choux de Bruxelles
Laitue, tomates, céleri
1 fruit frais ou de conserve, rincé
Thé sans sucre (facultatif)

Collations   Étant donné que vous avez mangé ce à quoi
vous aviez droit, prenez des légumes du grou-

pe A pour grignoter. Le choix est si vaste durant l'été.

Bâtonnets de céleri
Rondelles de concombre
Radis
Languettes de poivron vert
Feuilles de laitue ou d'épinards
Têtes de brocoli et de chou-fleur
Champignons
Luzerne germée
Tranches ou quartiers de tomates
Un bon verre d'eau

Vous voyez comme c'est simple! Il s'agit uniquement d'y penser et de le mettre en pratique.

Situation numéro 9

Une noce

Vous êtes invité à une noce. Vous avez la ferme intention de respecter votre régime, mais vous voudriez bien boire un petit verre avec les autres pour ne pas vous sentir à part. Selon vous, laquelle (ou lesquelles) de ces suggestions serait(ent) acceptables(s)?

1. Prendre des boissons gazeuses au lieu des boissons alcooliques.
2. Prendre un verre de vin sec en mangeant (en supprimant une portion de pain durant la journée) et ne prendre aucune boisson alcoolique pendant la soirée.
3. Prendre l'apéritif et le digestif, boire du vin et de la bière et remettre votre régime à plus tard.
4. Prendre un verre de vin sec en mangeant (en supprimant une portion de pain) et un verre de jus d'orange pendant la soirée (en supprimant un des fruits auxquels vous avez droit au cours de la journée).
5. Vous abstenir d'apéritif, de vin et de digestif et prendre une bière pendant la soirée (en supprimant deux portions de pain au cours de la journée).

6. Prendre seulement un digestif (en supprimant une portion de pain au cours de la journée) et aucune boisson alcoolique pendant la soirée.

Plusieurs de ces suggestions sont acceptables, c'est-à-dire la deuxième, la quatrième, la cinquième et la sixième. Lors d'une occasion aussi spéciale, vous pouvez vous permettre de prendre un petit verre si vous supprimez une ou deux portions de pain au cours de la journée; tout dépend du nombre de calories fournies par les diverses boissons alcooliques. Je ne vous suggère pas d'agir ainsi tous les jours car votre régime serait mal balancé; l'alcool ne fournit aucun élément nutritif tandis que le pain contient des vitamines, des minéraux et des protéines. Mais, à l'occasion, il est permis de faire de telles substitutions si les aliments s'équivalent au point de vue des calories. En voici quelques exemples.

1 tranche de pain de blé entier = 72 calories

1 tranche de pain blanc enrichi = 82 calories

1 verre (3 1/2 oz) de vin blanc sec = 85 calories = 1 tranche de pain blanc enrichi

1 bière (12 oz) (340 mL) = 150 calories = 2 tranches de pain de blé entier

1 digestif (2/3 oz) (20 mL) = 70 calories = 1 tranche de pain de blé entier

Vous avez sans doute remarqué que la bière fournit deux fois plus de calories; c'est pour cette raison qu'il faut supprimer deux portions de pain. Ainsi, si vous vouliez prendre un apéritif à 167 calories (Cinzano, Martini...), il faudrait vous priver de deux portions de pain au cours de la journée ou en prendre seulement la moitié d'un verre seulement. Pendant la soirée, si vous avez soif, prenez un verre d'eau minérale, qui ne fournit aucune calorie, ou un jus d'orange, à condition de supprimer un ou deux fruits au cours de la journée selon la grosseur du verre. La plupart des restaurants n'auront probablement pas de jus non sucré et il se peut qu'on vous serve une boisson aux fruits préparée avec une poudre colorée et sucrée. Quant à la citronnade, elle contient également beaucoup de sucre. Quand on a vraiment soif, il vaut mieux prendre un bon verre d'eau.

La suggestion numéro 1 n'est certainement pas la meilleure, parce que les boissons gazeuses fournissent presque autant de calories que les boissons alcooliques.

La suggestion numéro 3 vous ferait engraisser; elle représente environ 622 calories si l'on compte deux bières pour la soirée. Si vous suivez un régime de 1200 calories par jour, vous en avez déjà la moitié en boissons alcooliques seulement.

Situation numéro 10

Après la soirée

Si vous avez l'habitude d'aller au restaurant avec vos amis après les sorties du week-end, que prendrez-vous pour accompagner les autres?

1. 1/2 pizza de 10 po (25 cm) + 1 boisson gazeuse
2. Salade du chef
3. Soupe aux légumes + 2 biscottes
4. Frites nappées de sauce + 1 boisson gazeuse
5. Salade de fruits (sans sirop) + deux biscuits secs
6. *Hamburger* + frites + 1 boisson gazeuse

Les meilleures suggestions seraient la deuxième, la troisième et la cinquième. Voici ce qu'elles représentent en termes de calories et d'équivalences.

2. Salade du chef 1 c. à table (15 mL) vinai- grette	71 calories	Équivalence:	1 légume du comptoir A 1 1/2 portion de gras
3. Soupe aux légumes (1 tasse) (250 mL) 2 biscottes	110 calories	Équivalence:	1 légume du comptoir B 1/2 portion de pain 1/2 portion de gras
5. Salade de fruits (1/2 tasse) (125 mL) 2 biscuits secs	128 calories	Équivalence:	1 fruit 1/2 portion de pain

Les autres suggestions sont beaucoup trop riches en calories. N'oubliez pas que ces aliments fournissent un surplus de calories étant donné qu'ils sont pris à la fin de la journée. Les calories seront emmagasinées puisqu'on dépense un minimum de calories en dormant. Voulez-vous quand même savoir ce que les autres mets suggérés représentent en terme de calories?

1. 1/2 pizza de 10 po (25 cm) au saucisson +
10 oz (280 mL) de boisson gazeuse   579 calories
4. 1 portion de frites
avec de la sauce +10 oz (280 mL) de boisson gazeuse 439 calories
6. 1 *hamburger* + 1 portion de frites +
10 oz (280 mL) de boisson gazeuse   535 calories

Après avoir vu quelques-unes des situations auxquelles vous avez à faire face chaque jour, vous avez la preuve qu'il vous est possible de suivre un régime même si vous mangez à l'extérieur. Lorsque vous voudrez faire une entorse à votre régime sous prétexte que ça n'arrive qu'une fois par année, souvenez-vous toujours du poids que M. Legros a repris en suivant le sien et en ne trichant qu'une seule fois par année.

De nos jours, les repas pris à l'extérieur sont de plus en plus fréquents et des aliments ainsi que des boissons sont également servis dans presque toutes les réunions sociales ou familiales. Puisque vous ne devez pas vous priver de sortir parce que vous êtes au régime, poursuivez votre vie sociale tout en mettant en pratique les conseils de ce chapitre. Vous n'avez rien à perdre... sauf quelques livres!

Chapitre 4

Les mythes alimentaires

Discrimination

La discrimination dont les aliments sont victimes est effarante! La croyance populaire rejette le pain et la pomme de terre, accusés à tort et à travers de faire engraisser, on boude le fromage parce qu'il constipe, on en surestime d'autres ou on leur attribue des pouvoirs presque magiques. Ainsi, le poisson rend intelligent, le pamplemousse fait maigrir, la banane est aussi nourrissante que la viande, la gélatine fait pousser les ongles, le miel est riche en vitamines, le yogourt prolonge la vie, l'ail fait baisser la pression... Tous ces aliments sont excellents, mais ils ne sont pas miraculeux. Les croyances que je viens d'énumérer s'appellent des mythes alimentaires. Il en existe beaucoup d'autres.

Qui a raison?

Il est très difficile de savoir où est la vérité dans le domaine de l'alimentation. Tout le monde pense s'y connaître un peu et nombreux sont ceux qui se prétendent spécialistes en la matière. Quelles sont nos sources de renseignements? Elles sont très variées.

— Les revues
— Les journaux
— Les livres
— La radio

— La télévision
— La publicité
— Les hôpitaux
— Les cliniques et les centres communautaires
— Les studios de santé
— Le marché de l'alimentation
— Les grands magasins et les centres commerciaux
— Les magasins d'équipement sportif
— Les salons de beauté
— Les foires et les expositions

Ceux qui parlent de nutrition et de régimes sont également nombreux et proviennent de différentes sphères d'activité:

— Les diététistes
— Les techniciens en diététique et en alimentation
— Les médecins
— Les infirmières
— Les autres professionnels de la santé
— Les naturopathes
— Les soi-disant spécialistes en alimentation (n'ayant pourtant aucune formation)
— Les vendeurs d'aliments "naturels"
— Les spécialistes en art culinaire
— Les cuisiniers
— Les artistes et les vedettes de la radio et de la télévision
— Les parents, les amis et les voisins
— Enfin, un peu tout le monde

Comme vous pouvez le constater, les sources d'information en nutrition sont nombreuses et variées. Il ne faut pas se surprendre si les renseignements sont variés et contradictoires. Alors, qui a raison? Où est la vérité? Qui devons-nous croire lorsqu'on obtient deux informations contraires? Il est grand temps de faire un peu de lumière dans ce domaine.

Comment savoir si ce que l'on vous dit est vrai?

Tout d'abord, demandez-vous si votre informateur a quelque chose à vous vendre. Vous propose-t-il d'acheter des aliments ou des remèdes, naturels ou non? Un appareil, ménager ou autre? Un produit quelconque? Lorsqu'il y a intérêt financier ou profit à retirer, il faut se méfier. Je ne dis pas que cette personne n'a pas raison, mais soyez prudent.

Ensuite, vérifiez les qualifications de votre informateur. A-t-il réellement des connaissances approfondies en nutrition? Vous pensez peut-être que toute personne qui se dit spécialiste en nutrition s'y connaît vraiment? Mais non. Aussi incroyable que cela puisse paraître, n'importe qui a le droit de donner des conseils ou de faire des recommandations en nutrition. Les diététistes n'ont pas l'exclusivité de l'acte, comme l'ont les médecins ainsi que plusieurs autres professionnels de la santé. Ils ont seulement le titre exclusif, c'est-à-dire que personne n'a le droit d'utiliser le titre de diététiste sans avoir fait un cours universitaire en diététique et sans être membre de la Corporation professionnelle des diététistes du Québec. Par contre, n'importe qui peut faire la même chose en prenant un autre titre, celui de spécialiste en alimentation, par exemple. Cette situation est regrettable et des démarches seront entreprises pour que les diététistes obtiennent l'exclusivité de l'acte, mais ce n'est pas le cas à l'heure actuelle.

C'est la raison pour laquelle les artistes et les vedettes ont le droit de donner leur régime personnel dans le journal ou dans la nouvelle revue pour maigrir. Mais, dites-moi, les chanteurs et les comédiennes ont-ils des connaissances en nutrition? Bien souvent, ils n'en n'ont aucune et pourtant, leurs régimes, qui sont très populaires, ne sont même pas efficaces. Pourquoi suivrait-on le nouveau régime d'une vedette alors que le dernier était censé être infaillible? Pourquoi suit-elle des régimes à répétition alors qu'elle affirme en gros titre qu'elle s'accepte telle qu'elle est? À quoi sert de crever de faim durant des mois si on reprend ce qu'on avait perdu lors d'un séjour aux "quatorze soleils"! Ne soyez pas dupes et ne vous laissez pas "chanter" de telles promesses!

Vous hésitez à choisir entre deux professionnels de la santé, le médecin ou le diététiste? À chacun sa spécialité; voilà mon opinion! Quand vous êtes malade, allez-vous voir un médecin ou un diététiste?

Un médecin, bien entendu, puisque c'est sa spécialité et que le diététiste ne possède que des notions de base en médecine. Alors, quand vous voulez suivre un régime, consultez un diététiste puisque c'est sa spécialité et que le médecin ne possède que des notions de base en diététique. Il y a des diététistes dans presque tous les hôpitaux du Québec, dans les départements de santé communautaires (DSC) ainsi que dans certaines cliniques et centres locaux de services communautaires (CLSC). Je précise ici que mon intention n'est pas de parler contre les médecins, car la majorité d'entre eux réfère leurs patients aux diététistes pour des problèmes d'ordre nutritionnels.

Quant à l'information écrite, qu'elle soit donnée dans un de livre, dans un journal ou dans une revue, vous ne perdrez rien à vérifier si l'auteur est diététiste.

Si vous examinez la situation ainsi que je viens de vous l'expliquer, vous aurez de meilleures chances de savoir où est la vérité.

Les trois mousquetaires de l'alimentation

Les trois principaux aliments accusés à tort et à travers de faire engraisser sont le pain, la pomme de terre et les pâtes alimentaires. On les appelle souvent "les 3 P". Pourtant, ces trois mousquetaires ne sont nullement responsables du pourcentage élevé d'obésité dans notre société actuelle. Le seul suspect serait l'autre mousquetaire (il y avait en fait quatre mousquetaires): Pâtisserie. Combien de fois ai-je entendu dire: "Pour maigrir, il suffit d'enlever les 4 P: pain, pomme de terre, pâtes alimentaires, pâtisserie." Le seul "P" à éviter, c'est Pâtisserie. Les trois autres sont permis en quantité modérée, comme vous avez pu le constater au deuxième chapitre.

Puisque je n'aime pas acquitter faute de preuves, faisons ensemble le procès des 4 P et vous serez convaincus lorsque le verdict de non-culpabilité sera prononcé par le jury du tribunal de la minceur.

Les accusés: les 4 P

Le juge: Gérard Mantor

L'avocat de la couronne: Yvon Spriver

L'avocat de la défense: Désiré Lavallée

Les membres du jury: les consommateurs, les diététistes et vous-même.

Le procès des 4 P

Les 4 P (Pain, Pomme de terre, Pâtes alimentaires, Pâtisserie) sont accusés de faire engraisser les consommateurs. Bien entendu, tous nient leur culpabilité. Le premier accusé, Pâtisserie, a été déclaré coupable en raison de son apport élevé en calories, en sucre et en gras.

Pâtisserie (tartes, gâteaux) Calories: 325 à 450 calories par portion
Sucre: 30 à 66 grammes par portion
Gras: 14 à 20 grammes par portion.

Remarquez qu'un morceau de gâteau ou une pointe de tarte (400 calories en moyenne) représente environ le tiers des calories permises pour un régime de 1200 calories par jour! Les membres du jury furent donc unanimes à déclarer l'accusé Pâtisserie coupable d'avoir participé à l'augmentation croissante des cas d'obésité, de diabète et de maladies d'origine nutritionnelle. Le juge Gérard Mantor l'a condamné à se retirer de l'alimentation des gens qui veulent se garder en santé.

Les trois autres accusés continuent de nier leur culpabilité. Me Désiré Lavallée assurera leur défense à partir d'exemples et de faits concrets. Me Yvon Spriver représente la couronne.

L'accusé Pain est appelé à la barre.

Juge — Jurez-vous de dire la vérité, toute la vérité et rien que la vérité?

Pain — Je le jure.

Désiré Lavallée — Pourriez-vous dire à la cour votre valeur en calories et votre teneur en matières grasses?

Pain — Chacune de mes tranches contient environ 80 calories et 1 gramme de gras.

Désiré Lavallée — Vous ne fournissez donc pas plus de calories qu'une pomme, c'est-à-dire 80 en moyenne.

Yvon Spriver — Maintenant pourriez-vous nous dire votre pourcentage en sucres?

Pain — 15 grammes environ.

Yvon Spriver — Cela me semble plutôt élevé, ne trouvez-vous pas?

Désiré Lavallée — Je voudrais rappeler aux membres du jury que c'est la même quantité de sucre que contiennent la plupart des fruits:

1/2 pamplemousse = 15 grammes de sucre

1 pomme = 18 grammes de sucre

1 orange = 16 à 19 grammes de sucre

1 poire = 25 grammes de sucre.

Donc, l'argument de mon confrère ne tient pas.

Un témoin obèse est appelé à la barre et déclare avoir repris 10 livres (4,5 kg) dans une année en mangeant des sandwiches pour le dîner.

Désiré Lavallée — Quelle sorte de sandwiches emportiez-vous?

Témoin — Je variais souvent les garnitures: cretons, pâté de foie, pain de viande, fromage à la crème. Ce sont celles que j'aime le plus.

Désiré Lavallée — Je vous ferai remarquer que ce sont tous des aliments gras. Et à part vos deux sandwiches?

Témoin — J'emportais des croustilles, une boisson gazeuse et une pâtisserie.

Désiré Lavallée — Les pâtisseries ont déjà été déclarées coupables de faire engraisser. Votre excès de poids n'est pas dû au pain, mais plutôt à ce que vous utilisiez pour faire vos sandwiches ainsi qu'aux autres aliments riches en calories: pâtisseries, croustilles et boissons gazeuses.

Le jury, avant de se prononcer, a pris ce qui suit en considération.

1. Une tranche de pain ne contient pas plus de calories ni de sucre qu'un fruit.

2. Le pain n'est pas un aliment gras.

3. Consommé modérément, il ne constitue pas un surplus de calories.

4. Outre les calories, il contient des éléments nutritifs tels que des vitamines du complexe B et certains minéraux.

5. Ce sont plutôt les aliments qu'on utilise pour tartiner qui font engraisser et non pas le pain lui-même.

Jury — Le pain est déclaré non coupable par le jury du tribunal de la minceur.

Juge — La deuxième accusée, Pomme de terre, est appelée à la barre.

Après avoir juré de dire toute la vérité, Pomme de terre répond aux questions de l'avocat, Yvon Spriver.

Yvon Spriver — De nombreux consommateurs se plaignent d'embonpoint ou d'obésité lorsque vous vous introduisez dans leur alimentation. Est-ce vrai?

Pomme de terre — Peut-être, mais... ce n'est pas vrai!

Désiré Lavallée — Objection! Je vous ferai remarquer que ces personnes font subir à mon client un supplice qu'elles n'endureraient certainement pas elles-mêmes; elles la coupent en bâtonnets, en rondelles ou en tranches et la plongent dans un bain d'huile pour la faire frire. Elles changent même son nom en l'affublant du sobriquet graisseux de "patate frite". En réalité, c'est le gras qui augmente la valeur calorique; Pomme de terre n'y est pour rien. L'industrie alimentaire ne fait pas mieux avec la fabrication des croustilles, qui contiennent énormément de gras et de sel. Pomme de terre, dites-nous votre valeur en calories ainsi que votre teneur en sucre et en gras.

Pomme de terre — Je contiens en moyenne
80 calories
aucun gras
18 grammes de sucre.

Désiré Lavallée — Vous valez donc une tranche de pain. Lorsqu'on vous martyrise pour faire des croustilles et des frites, vous n'êtes plus la même, est-ce exact?

Pomme de terre — Je précise qu'on me fait subir ces traitements sans mon consentement. Je ne suis donc pas responsable des résultats.

Lorsqu'on me transforme en 10 frites, je contiens
155 calories
   7 grammes de gras
  20 grammes de sucre.
Lorsqu'on me déguise en 10 croustilles, je fournis
115 calories
   8 grammes de gras
 10 grammes de sucre.

Jury — Considérant ces faits, le jury est d'avis que les matières grasses utilisées pour la préparation et la cuisson sont coupables de faire engraisser. Bouillie ou au four, Pomme de terre est acquittée.

Le dernier P s'installe à la barre. C'est le représentant des pâtes alimentaires.

Yvon Spriver — C'est un fait reconnu que les amateurs de pâtes alimentaires sont portés à prendre du poids. Vous ne pouvez quand même pas le nier, n'est-ce pas?

Pâtes alimentaires — Peut-être, mais ce n'est sûrement pas de ma faute et je persiste à nier ma culpabilité.

Désiré Lavallée — Après avoir défendu les deux confrères de mon client, je voudrais vous prouver que la composition des pâtes alimentaires est semblable à celle du pain et de la pomme de terre. Leur valeur en calories ainsi que leur teneur en sucre et en gras sont les mêmes. Le problème est dû au fait que les consommateurs ont une idée déformée de la notion de portion normale, qui équivaut à environ 3/4 de tasse (185 mL) après cuisson. Ceci ne comprend ni la sauce ni les mets d'accompagnement. À ce sujet, je voudrais interroger les témoins de Me Yvon Spriver, les obèses, pour savoir à quoi équivaut leur portion normale de pâtes alimentaires.

Premier témoin — Deux tasses, (500 mL).

150

Deuxième témoin — À peu près la même chose, mais avec beaucoup de sauce.

Troisième témoin — Deux à trois tasses (500 à 750 mL).

Quatrième témoin — À moins d'en préparer trois tasses (750 mL), ça ne vaut pas la peine!

Désiré Lavallée — Et avec quoi mangez-vous vos pâtes?

Premier témoin — Nappées de sauce à la viande et avec des petits pains chauds et du beurre.

Deuxième témoin — Avec un bon vin italien.

Troisième témoin — Moi, c'est le macaroni au fromage.

Quatrième témoin — En lasagne — avec beaucoup de sauce et de fromage — accompagnée d'une demi-baguette et de beurre à l'ail.

Désiré Lavallée — Avant de prononcer son verdict, que le jury tienne maintenant compte des portions consommées par ces témoins ainsi que des mets d'accompagnement riches en calories: sauces, beurre, fromage à la crème, vin.

Juge — La séance est ajournée pour permettre aux témoins de digérer!

Le lendemain, après délibération, les membres du jury déclarent les pâtes alimentaires non coupables de l'accusation portée contre elles par un groupe de consommateurs qui les avait accusées de faire engraisser.

Juge — Les trois P peuvent quitter le banc des accusés et réintégrer le rang des aliments sains et nutritifs.

À la suite de ce procès, le tribunal de la minceur fait les recommandations suivantes pour éviter toute confusion ou fausse interprétation des déclarations qui ont été faites au cours de ce procès.

1. Consommez la pomme de terre nature, soit bouillie ou au four. Évitez de la consommer frite, rissolée dans du gras ou sous forme de croustilles. Si vous la consommez en purée, utilisez du lait écrémé ou partiellement écrémé et omettez les matières grasses (beurre ou margarine).

2. N'oubliez pas que ce n'est pas le pain qui fait engraisser, mais ce qu'on y étale. Évitez les tartines grasses, c'est-à-dire celles faites avec du beurre en grande quantité, du fromage gras, des cretons

gras et du pâté de foie. Évitez aussi les tartines de confiture, de gelée, de marmelade, de caramel, de sirop d'érable, de miel, de mélasse... Utilisez plutôt du fromage cottage ou un fromage au lait écrémé, de la compote de pommes mais très peu de beurre, de margarine ou de beurre d'arachides.

3. Diminuez les quantités de pâtes alimentaires et accompagnez-les d'une belle grosse salade ou d'un légume. Évitez de manger du pain et du beurre avec les pâtes alimentaires et abstenez-vous des sauces trop grasses.

4. Évitez les pâtisseries. Remplacez-les par des muffins ou des biscuits secs, des fruits ou des desserts au lait.

L'AUDIENCE EST LEVÉE!

CROYEZ-VOUS AU PÈRE NOËL?

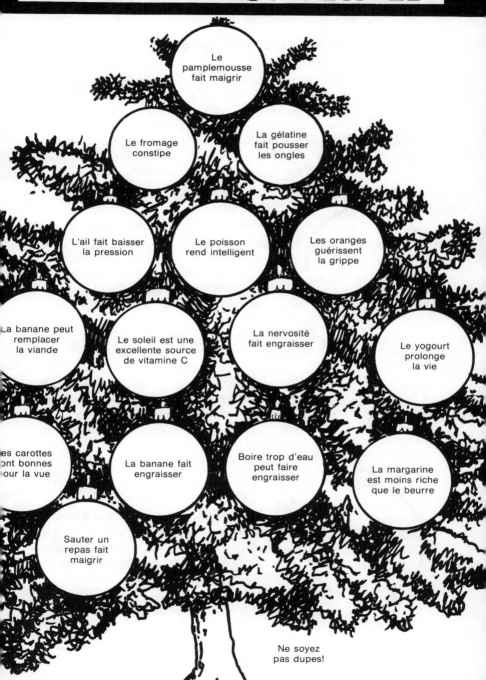

Croyez-vous au père Noël?

Les phrases écrites sur les boules de l'arbre de Noël illustré à la page précédente sont toutes fausses. Ce sont des mythes alimentaires, des croyances populaires transmises de génération en génération et non prouvées scientifiquement. Maintenant, c'est l'heure de vérité! Il est temps de démythifier toutes ces faussetés et de cesser de croire au père Noël. Voyons ensemble ce qui est écrit sur chaque boule de Noël afin de savoir pourquoi ces affirmations sont fausses.

— 1 —
Le pamplemousse fait maigrir

Faux
Aucun aliment ne fait maigrir. Tous fournissent des calories. La moitié d'un pamplemousse apporte 50 calories, c'est-à-dire la même quantité que la majorité des autres fruits pour une portion équivalente.

— 2 —
Le fromage constipe

Faux
Le fromage ne constipe pas. Les facteurs favorisant la constipation sont l'insuffisance de fibres alimentaires (fruits, légumes, pain et céréales de grains entiers), le manque de liquides, le manque d'exercice, le stress et la nervosité.

— 3 —
La gélatine fait pousser les ongles

Faux
La gélatine est une source de protéines incomplètes et ne peut à elle seule participer ni à la formation, ni à l'entretien, ni à la réparation des tissus. Donc, la gélatine n'a pas la propriété de faire pousser les ongles.

— 4 —
L'ail fait
baisser la
pression

Faux
Ce qui peut faire baisser la pression artériel-le, ce sont les médicaments et une alimentation restreinte en sel (sodium). L'ail est un condiment qui donne du goût aux aliments, mais il n'a aucune propriété curative.

— 5 —
Le poisson
rend intelligent

Faux
Le poisson est un excellent aliment, riche en protéines et pauvre en gras; il contient plusieurs minéraux, surtout du phosphore. Malheureusement, aucun aliment n'améliore l'intelligence.

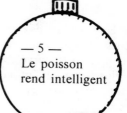

— 6 —
Les oranges
guérissent la
grippe

Faux
Les oranges sont une excellente source de vitamine C. Cette vitamine aide en effet à prévenir les infections, mais il n'a pas été prouvé qu'elle soit efficace pour guérir la grippe qui, elle, est causée par un virus.

— 7 —
La banane peut
remplacer la
viande

Faux
La banane est un fruit; par conséquent, elle peut remplacer un fruit. Comme elle ne renferme pas de protéines, elle ne peut pas remplacer la viande. Les aliments qui remplacent la viande sont le poisson, les oeufs, le fromage, les noix et les graines, le beurre d'arachides et les légumineuses.

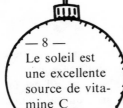

— 8 —
Le soleil est une excellente source de vitamine C

Faux
Le soleil fournit de la vitamine D par son effet sur les tissus de la peau. On retrouve aussi la vitamine D dans les huiles de foie de poisson, le lait commercial et la margarine enrichie.

— 9 —
La nervosité fait engraisser

Faux
La nervosité par elle-même ne fait pas engraisser, puisque plusieurs personnes nerveuses sont maigres. Par contre, si la nervosité vous porte à manger plus, c'est le fait de manger plus qui vous fera engraisser et non pas le fait d'être nerveux.

— 10 —
Le yogourt prolonge la vie

Faux
À l'heure actuelle, aucun aliment n'a le pouvoir de prolonger la vie. Le yogourt est un aliment riche en protéines, en calcium, en vitamine A et en riboflavine, mais ce n'est pas un aliment miraculeux.

— 11 —
Les carottes sont bonnes pour la vue

Faux
La carotte est une excellente source de vitamine A. Or, la vitamine A contribue à l'amélioration de la vue dans l'obscurité. Par contre, manger des carottes n'améliorera pas les troubles visuels tels que la myopie ou la presbytie.

— 12 —
La banane
fait engraisser

Faux
La banane fournit un peu plus de calories que la plupart des fruits. Une banane vaut deux fruits, mais elle ne fait pas engraisser. Il suffit de choisir les plus petites.

— 13 —
Boire trop
d'eau peut faire
engraisser

Faux
L'eau ne fournit *aucune* calorie. Donc, il est permis de boire de l'eau à volonté dans un régime amaigrissant. L'eau est la meilleure boisson, car elle est gratuite, elle ne contient ni sucre, ni sel, ni produits chimiques et elle est disponible en tout temps.

— 14 —
La margarine
est moins riche
que le
beurre

Faux
La margarine et le beurre fournissent la même quantité de calories. Lorsqu'on veut perdre du poids, il faut limiter ces deux gras.
1 c. à table (15 mL) de margarine = 100 calories
1 c. à table (15 mL) de beurre = 100 calories

— 15 —
Sauter un repas
fait maigrir

Faux
Sauter un repas ne fait pas maigrir. Au contraire, cela nous fait manger plus au repas suivant. La majorité des obèses ne déjeunent pas, mais ils mangent plus au souper et pendant la soirée, la période de la journée où l'organisme dépense le moins d'énergie.

Ne soyez pas dupes!   Ne soyons pas dupes! Cessons de croire au père Noël! Les aliments miraculeux ne sont pas prodigieux.

Il existe beaucoup d'autres mythes alimentaires; j'ai essayé d'énumérer ceux dont on entend le plus souvent parler de nos jours.

Si des affirmations douteuses parvenaient à vos oreilles et que vous vouliez en avoir le coeur net, il serait préférable d'essayer de vous informer auprès des diététistes; vous resterez ainsi moins longtemps dans le doute.

Chapitre 5

Recettes "silhouette"

— Délicieuses et appétissantes
— Faibles en calories
— Riches en éléments nutritifs (vitamines, minéraux et protéines)
— Faciles et rapides à préparer
— Variées

Éliminez des calories, ajoutez de la saveur!

Lorsqu'on suit un régime amaigrissant ou qu'on désire maintenir son poids, on aime bien avoir des suggestions de recettes faibles en calories. Peut-être avez-vous même déjà acheté un de ces livres de recettes dites amaigrissantes? Toutefois, combien de personnes les essaient? Souvent, après quelques expériences plus ou moins décevantes, on laisse dormir le livre dans un tiroir et l'on revient à son bon vieux répertoire de recettes dont la famille se délecte. Comment faire pour manger à sa faim tout en restant mince et ne pas sacrifier ses mets préférés? C'est simple; il s'agit d'alléger ses recettes en changeant quelques ingrédients, en diminuant les quantités et en modifiant le mode de préparation ou de cuisson.

C'est ce que nous nous amuserons à faire dans ce chapitre-ci. Il est possible d'obtenir un mets identique à celui de la recette originale en saveur et en apparence tout en éliminant les calories indésirables. Alors, sortez vos livres de recettes et faites des modifications! Personne ne s'en apercevra sauf vous... et votre balance. Vous voulez un peu d'aide pour commencer? Je vous donne quelques-unes de celles que j'ai remaniées; elles vous permettront de varier vos menus et de suivre plus commodément votre régime.

Sur chaque page, vous trouverez la recette originale (à gauche) et la recette modifiée (à droite). Le mode de préparation de la recette modifiée est souvent identique à celui de la recette originale. Lorsque c'est le cas, il n'est pas répété; il suffit de consulter cette étape de la recette originale. Les nombres inscrits à la droite de chaque ingrédient représentent sa valeur calorique. Le rendement total de chaque recette (nombre de portions) ainsi que le nombre de calories par portion sont clairement indiqués. Les comparaisons ne manqueront pas de vous étonner. Bonne chance!

N.B. Toutes ces recettes pourraient faire partie du comptoir d'échange (chapitre 2).

Abréviations et équivalences

tasse   (250 mL)

c. à thé   cuillère à thé (4 mL)

c. à table   cuillère à table (15 mL)

oz   once (30 g)

po   pouce (2,5 cm)

cm   centimètre

mL   millilitre

g   gramme

mg   milligramme

0°F   degré Fahrenheit

0°C   degré Celsius

cal   calorie

lb   livre (500 g)

Riz crémeux à l'ananas

Recette originale

14 oz (370 mL) de morceaux d'ananas non sucrés, bien égouttés	110
3/4 tasse (185 mL) de crème sure	375
1/2 tasse (125 mL) de guimauves miniatures	150
1/2 tasse (125 mL) de noix de coco	183
1/2 tasse (125 mL) de cerises rouges confites coupées en moitiés	116

1. *Bien égoutter les ananas.*
2. Déposer tous les ingrédients dans un bol et bien mélanger.
3. Réfrigérer de 6 à 12 heures.
4. Verser dans des coupes et servir.

Rendement: 4 portions de 1/2 tasse (125 mL)

211 calories/portion

Recette modifiée

14 oz (370 mL) de morceaux d'ananas non sucrés, bien égouttés	110
3/4 tasse (185 mL) de yogourt nature écrémé	75
1/2 tasse (125 mL) de guimauves miniatures	150
1/4 tasse (60 mL) de noix de coco	92
1/2 tasse (125 mL) de raisins rouges épépinés, coupés en moitiés	50

1. Identique à la recette originale.
2. Identique.
3. Identique.
4. Identique.

Rendement: 4 portions de 1/2 tasse (125 mL)

119 calories/portion

Variantes

1. On peut remplacer les ananas par d'autres fruits.
2. Les raisins sont facultatifs. Ils peuvent être éliminés de la recette ou remplacés par un autre fruit.

Salade de jambon à l'ananas

Recette originale

14 oz (370 mL) de morceaux d'ananas non sucrés, bien égouttés	110
1 1/2 tasse (375 mL) de jambon cuit, en cubes	369
1 poivron vert haché	15
1 poivron rouge haché	20
1/4 tasse (60 mL) de céleri haché	4
3/4 tasse (185 mL) de mayonnaise	1320

1. Bien mélanger tous les ingrédients.
2. Servir très froid sur des feuilles de laitue.

Rendement: 6 portions de 3/4 tasse (185 mL)

306 calories/portion

Recette modifiée

14 oz (370 mL) de morceaux d'ananas non sucrés, bien égouttés	110
1 1/2 tasse (375 mL) de jambon cuit, en cubes	369
1 poivron vert haché	15
1 poivron rouge haché	20
1/4 tasse (60 mL) de céleri haché	4
3/4 tasse (185 mL) de crème de céleri non diluée	116

1. Identique.
2. Identique.

Rendement: 6 portions de 3/4 tasse (185 mL)

106 calories/portion

Variantes

1. On peut remplacer le jambon par du saumon, du thon, du poulet ou des crevettes.
2. On peut utiliser d'autres légumes.

Salade de fruits en gelée

Recette originale

3 oz (85 g) de gélatine commerciale à l'orange	315
1 tasse (250 mL) d'eau bouillante	0
1 tasse (250 mL) d'eau froide	0
2 pommes non pelées, coupées en cubes	140
1 banane tranchée	80
2 oranges en quartiers	130
12 cerises rouges confites, coupées en moitiés	116

1. Faire dissoudre la gélatine dans l'eau bouillante en brassant.
2. Ajouter l'eau froide.
3. Laisser prendre partiellement.
4. Ajouter les fruits.
5. Verser dans des coupes à dessert, dans un bol ou dans un moule pour aspic.
6. Laisser prendre au réfrigérateur.
7. On peut démouler avant de servir.

Rendement: 8 portions de 1/2 tasse (125 mL)

98 calories/portion

Recette modifiée

1 sachet de gélatine non aromatisée	35
2 tasses (500 mL) de jus d'orange non sucré	240
1/4 tasse (60 mL) d'eau froide	0
2 pommes non pelées, coupées en cubes	140
1 banane tranchée	80
2 oranges en quartiers	130
12 raisins rouges épépinés, coupés en moitiés	50

1. Faire gonfler la gélatine dans l'eau froide.
2. Faire chauffer le jus d'orange et verser sur la gélatine. Brasser pour dissoudre la gélatine.
3. Identique.
4. Identique.
5. Identique.
6. Identique.
7. Identique.

Rendement: 8 portions de 1/2 tasse (125 mL)

82 calories/portion

Variantes

1. On peut utiliser d'autres fruits.
2. On peut remplacer le jus d'orange par du jus de pomme, de pamplemousse ou d'ananas.

Pain aux bananes

Recette originale

1/3 tasse (75 mL) de graisse végétale	590
1/2 tasse (125 mL) de sucre	385
2 oeufs	160
1 3/4 tasse (425 mL) de farine tout-usage	675
1 c. à thé (4 mL) de poudre à pâte	0
1/2 c. à thé (2 mL) de bicarbonate de soude	0
1/2 c. à thé (2 mL) de sel	0
2 bananes bien mûres, écrasées	160
1/2 tasse (125 mL) de noix hachées	395

1. Défaire la graisse végétale en crème avec le sucre. Bien mélanger.
2. Ajouter les oeufs et bien battre.
3. Tamiser ensemble la farine, la poudre à pâte, le bicarbonate de soude et le sel et ajouter au premier mélange en alternant avec les bananes.
4. Incorporer les noix.
5. Verser dans un moule à pain graissé de 9 po x 5 po x 3 po (23 cm x 12cm x 7 cm).
6. Faire cuire 45 à 50 minutes à 350° F (175° C).
7. Refroidir 10 minutes avant de démouler.

Rendement: 16 tranches

148 calories/tranche

Recette modifiée

1/4 tasse (60 mL) de graisse végétale	443
2 c. à table (30 mL) de sucre	90
2 oeufs	160
1 3/4 tasse (425 mL) de farine tout-usage	675
1 c. à thé (4 mL) de poudre à pâte	0
1/2 c. à thé (2 mL) de bicarbonate de soude	0
1/2 c. à thé (2 mL) de sel	0
2 bananes bien mûres, écrasées	160
Omettre les noix	0

1. Identique.
2. Identique.
3. Identique.
4. Identique.
5. Identique.
6. Identique.
7. Identique.

Rendement: 16 tranches

97 calories/tranche

Variante

1. On peut remplacer les bananes par 1 tasse (250 mL) de compote de pommes.

Haricots verts à l'italienne

Recette originale

1 paquet 10 oz (280 g) de haricots verts congelés	68
1/3 tasse (75 mL) d'huile de maïs	667
1 gros oignon, haché fin	40
1 gousse d'ail, hachée fin	3
14 oz (370 mL) de tomates, égouttées	105
1 poivron vert moyen, haché	15
1/8 c. à thé (1/2 mL) de poivre	0
1/2 c. à thé (2 mL) de sel	0
1/4 c. à thé (1 mL) de basilic	0

1. Cuire les haricots verts dans un peu d'eau bouillante environ 5 minutes. Cuire sans couvercle pour conserver une belle couleur verte. Égoutter.
2. Chauffer l'huile dans un grand poêlon. Y ajouter l'oignon, l'ail et le poivron vert, et cuire environ 10 minutes.
3. Ajouter les haricots verts et les assaisonnements. Bien mélanger.
4. Réchauffer et servir.

Rendement: 6 portions de 1/2 tasse (125 mL)

150 calories/portion

Recette modifiée

1 paquet 10 oz (280 g) de haricots verts congelés	68
2 c. à table (30 mL) d'huile de maïs	250
1 gros oignon, haché fin	40
1 gousse d'ail, hachée fin	3
14 oz (370 mL) de tomates, égouttées	105
1 poivron vert moyen, haché	15
1/8 c. à thé (1/2 mL) de poivre	0
1/2 c. à thé (2 mL) de sel	0
1/4 c. à thé (1 mL) de basilic	

1. Identique.
2. Identique.
3. Identique.
4. Identique.

Rendement: 6 portions de 1/2 tasse (125 mL)

80 calories/portion

Variantes

1. On peut remplacer les haricots verts par du brocoli, du chou-fleur, des asperges, des choux de Bruxelles, des courgettes tranchées ou des cubes d'aubergine.

2. On peut remplacer les tomates en conserve par 3 tomates fraîches coupées en quartiers en ajoutant 1/2 c. à thé (2 mL) de sel à la recette.

Carrés à l'ananas

Recette originale

1 tasse (250 mL) de miettes de biscuits Graham		345
1/4 tasse (60 mL) de sucre	935	190
1/4 tasse (60 mL) de beurre ou de margarine fondu		400
3,5 oz (100 g) de pouding instantané à la vanille		357
1 tasse (250 mL) de lait entier		160
3/4 tasse (185 mL) de crème sûre		342
1 tasse (250 mL) d'ananas en cubes		75
2 c. à table (30 mL) de noix hachées		100

1. Mélanger les miettes de biscuits Graham, le sucre et le beurre et presser dans le fond d'un moule carré de 9 pouces (22 cm).
2. Mélanger le lait et la crème sure et ajouter le pouding en poudre. Battre au malaxeur environ 2 minutes.
3. Ajouter les morceaux d'ananas et verser la préparation sur la base.
4. Décorer de noix hachées.
5. Réfrigérer au moins 3 heures.
6. Couper en carrés et servir.

Rendement: 9 carrés

219 calories/carré

Recette modifiée

16 biscuits Graham	440
3,5 oz (100 g) de pouding instantané à la vanille	357
1 tasse (250 mL) de lait écrémé	90
3/4 tasse (185 mL) de yogourt nature écrémé	75
1 tasse (250 mL) d'ananas en cubes	75
1 c. à table (15 mL) de germe de blé	15

1. Étaler les biscuits Graham dans le fond d'un moule carré de 9 pouces (22 cm).
2. Mélanger le lait et le yogourt, et ajouter le pouding en poudre. Battre au malaxeur environ 2 minutes.
3. Identique.
4. Décorer de germe de blé.
5. Identique.
6. Identique.

Rendement: 9 carrés

117 calories/carré

Variantes

1. On peut remplacer le pouding à la vanille par un pouding au citron.
2. On peut remplacer les ananas par des pêches, des abricots ou de la salade de fruits bien égouttée.

175

Vol-au-vent au poulet

Recette originale

1/4 tasse (60 mL) de beurre ou de margarine	400
1/4 tasse (60 mL) de farine tout-usage	97
1 c. à thé (4 mL) de sel	0
Pincée de poivre	0
2 tasses (500 g) de lait entier	320
1 tasse (250 mL) de poulet cuit, coupé en dés	203
1/4 tasse (60 mL) de céleri, haché fin	4
1/2 tasse (125 mL) de champignons tranchés	25
1/4 tasse (60 mL) de poivron vert, haché fin	9
1/4 tasse (60 mL) de poivron rouge mariné, haché	10
4 vol-au-vent	480

1. Faire fondre le beurre au bain-marie. Ajouter la farine et *bien mélanger*.
2. Ajouter graduellement le lait en remuant sans arrêt jusqu'à épaississement.
3. Couvrir et cuire 10 minutes de plus pour enlever le goût d'amidon.
4. Ajouter le sel, le poivre, le poulet, le céleri, les champignons, les poivrons vert et rouge.
5. Réchauffer et verser sur les vol-au-vent.

Rendement: 4 portions de 1 tasse (250 mL)

387 calories/portion

Recette modifiée

2 c. à table (30 mL) de beurre ou de margarine	200
1/4 tasse (60 mL) de farine tout-usage	97
1 c. à thé (4 mL) de sel	0
Pincée de poivre	0
2 tasses (500 mL) de lait écrémé	180
1 tasse (250 mL) de poulet cuit, coupé en dés	203
1/4 tasse (60 mL) de céleri, haché fin	4
1/2 tasse (125 mL) de champignons tranchés	25
1/4 tasse (60 mL) de poivron vert, haché fin	9
1/4 tasse (60 mL) de poivron rouge mariné, haché	10
4 tranches de pain de blé entier	288

1. Identique.
2. Identique.
3. Identique.
4. Identique.
5. Foncer des petits moules à muffins avec les tranches de pain et faire griller au four jusqu'à ce que le pain soit séché.
6. Verser la sauce sur le pain grillé.

Rendement: 4 portions de 1 tasse (250 mL)

254 calories/portion

Variantes

1. On peut varier les légumes utilisés dans la recette.
2. On peut remplacer le poulet par de la dinde, du saumon, du thon, du jambon en cubes ou des tranches d'oeufs durs.

Muffins aux flocons d'avoine et aux pêches

Recette originale

1 1/4 tasse (310 mL) de farine tout-usage	483
1 tasse (250 mL) de flocons d'avoine	312
1 c. à table (15 mL) de poudre à pâte	0
1/2 c. à thé (2 mL) de sel	0
1/2 c. à thé (2 mL) de cannelle	0
1/3 tasse (75 mL) de sucre	257
1 tasse (250 mL) de pêches, coupées en cubes	75
1 oeuf battu	80
1 tasse (250 mL) de lait entier	160
1/4 tasse (60 mL) de beurre ou de margarine fondu	400

1. Mélanger la farine, les flocons d'avoine, la poudre à pâte, le sucre, le sel et la cannelle.
2. Ajouter les cubes de pêches et mélanger pour enrober chaque morceau de farine.
3. Mélanger le lait, le beurre et l'oeuf.
4. Faire un puits au centre des ingrédients secs et ajouter les liquides en une seule fois.
5. Brasser très peu, juste assez pour humecter les ingrédients secs.
6. Remplir aux deux-tiers des moules à muffins graissés.
7. Cuire de 15 à 20 minutes à 400°F (200°C)
8. Servir chauds ou tièdes comme déjeuner ou comme dessert.

Rendement: 12 muffins

147 calories/muffin

Recette modifiée

1 1/4 tasse (310 mL) de farine de blé entier	500
1 tasse (250 mL) de flocons d'avoine	312
1 c. à table (15 mL) de poudre à pâte	0
1/2 c. à thé (2 mL) de sel	0
1/2 c. à thé (2 mL) de cannelle	0
2 c. à table (30 mL) de sucre	90
1 tasse (250 mL) de pêches en cubes	75
1 oeuf battu	80
1 tasse (250 mL) de lait écrémé	90
2 c. à table (30 mL) de beurre ou de margarine fondu	200

1. Identique.
2. Identique.
3. Identique.
4. Identique.
5. Identique.
6. Identique.
7. Identique.
8. Identique.

Rendement: 12 muffins

112 calories/muffin

Variantes

1. On peut remplacer les pêches par des morceaux de pommes qu'on aura préalablement fait tremper quelques minutes dans un peu de jus de citron.

2. Commentaire — Se congèlent bien. Réchauffer 10 minutes à 300°F (150°C) avant de servir.

Tarte chiffon au citron

Recette originale

1 croûte de tarte de 9 pouces (22 cm)	675
3 oz (85 g) de gelée au citron	315
1 tasse (250 mL) d'eau bouillante	0
3/4 tasse (170 mL) de crème 35%	518
2 oranges en quartiers	120

1. Faire cuire la croûte de tarte environ 10 minutes à 400°F (200°C). Refroidir.
2. Dissoudre la gélatine dans l'eau bouillante sans ajouter d'eau froide et laisser refroidir jusqu'à consistance de blanc d'oeuf non battu.
3. Pendant ce temps, fouetter la crème.
4. Aussitôt que la gélatine est partiellement prise, la fouetter au malaxeur à grande vitesse jusqu'à l'obtention d'une mousse.
5. Incorporer la crème fouettée en pliant.
6. Verser sur la croûte de tarte.
7. Décorer avec des quartiers d'oranges.
8. Laisser prendre au moins 3 heures au réfrigérateur.

Rendement: 6 portions

271 calories/portion

Recette modifiée

1/4 d'un gâteau des anges de 9 pouces (22 cm)	330
3 oz (85 g) de gélatine au citron	315
1 tasse (250 mL) d'eau bouillante	0
1 1/2 tasse (375 mL) de yogourt nature écrémé	150
2 oranges en quartiers	120

1. Couper le gâteau des anges en tranches de 1/4 pouce (1/2 cm) d'épaisseur et étaler dans le fond et sur les bords d'une assiette à tarte de 9 pouces (22 cm).
2. Identique.
3. Omettre cette étape.
4. Identique.
5. Ajouter le yogourt et bien mélanger.
6. Verser sur les tranches de gâteau des anges.
7. Identique.
8. Identique.

Rendement: 6 portions

153 calories/portion

Variantes

1. On peut varier les saveurs de gélatine et les fruits.
2. On peut utiliser de la gélatine non aromatisée et 2 tasses (500 mL) de jus de fruit non sucré.

Gâteau au fromage sans cuisson

Recette originale

1 tasse (250 mL) de miettes de biscuits Graham		345
1/4 tasse (60 mL) de sucre	935	190
1/4 tasse (60 mL) de beurre fondu		400
3 1/3 oz (100 g) de pouding instantané à la vanille		357
12 oz (335 g) de fromage à la crème blanc		1260
1/2 tasse (125 mL) de lait entier		80
2 tasses (500 mL) de crème sure		912
10 oz (285 g) de framboises surgelées sucrées, décongelées		275
2 c. à table (30 mL) de fécule de maïs		60
2 c. à table (30 mL) d'eau froide		0
2 c. à table (30 mL) de sucre		90

1. Mélanger les miettes de biscuits Graham, le sucre et le beurre fondu, et presser au fond d'un moule carré de 9 pouces (22 cm).
2. Faire chauffer les framboises avec le sucre et ajouter la fécule de maïs diluée dans l'eau froide. Brasser sur feu doux jusqu'à ce que le mélange soit épais et translucide. Refroidir.
3. Faire ramollir le fromage à la crème au bain-marie. Retirer du feu et incorporer le lait et la crème sure. Bien mélanger.
4. Ajouter le pouding instantané en poudre et battre au malaxeur environ 2 minutes.
5. Verser sur la croûte.
6. Recouvrir avec les framboises.
7. Réfrigérer environ 3 heures.
8. Couper en carrés et servir.

Rendement: 12 carrés

331 calories/portion

Recette modifiée

16 biscuits Graham	440
3 1/2 oz (100 g) pouding instantané à la vanille	357
12 oz (335 g) de fromage cottage sec (sans crème)	300
1/2 tasse (125 mL) de lait écrémé	45
2 tasses (500 mL) de yogourt nature écrémé	201
10 oz (285 g) de framboises surgelées sucrées, décongelées	275
2 c. à table (30 mL) de fécule de maïs	60
2 c. à table (30 mL) d'eau froide	0
Omettre le sucre	0

1. Déposer les biscuits Graham dans le fond d'un moule carré de 9 pouces (22 cm)
2. Identique.
3. Faire ramollir le fromage cottage au bain-marie. Retirer du feu et incorporer le lait et le yogourt nature. Bien mélanger.
4. Identique.
5. Identique.
6. Identique.
7. Identique.
8. Identique.

Rendement: 12 carrés

140 calories/portion

Variantes

1. On peut employer un pouding instantané au citron.

Crème de tomate

Recette originale

1/4 tasse (60 mL) de beurre ou de margarine	400
1/4 tasse (60 mL) de farine tout-usage	97
2 tasses (500 mL) de lait entier	320
1 c. à thé (4 mL) de sel	0
Pincée de poivre	0
2 tasses (500 mL) de jus de tomate	90

1. Faire fondre le beurre au bain-marie. Ajouter la farine et bien mélanger.
2. Ajouter graduellement le lait en brassant sans arrêt jusqu'à épaississement.
3. Ajouter le sel et le poivre.
4. Couvrir et laisser cuire 10 minutes au bain-marie pour enlever le goût d'amidon.
5. Ajouter lentement le jus de tomate en brassant. Réchauffer et servir.

Rendement: 4 portions de 1 tasse (250 mL)

202 calories/portion

Recette modifiée

2 c. à table (30 mL) de beurre ou de margarine	200
1/4 tasse (60 mL) de farine tout-usage	97
2 tasses (500 mL) de lait écrémé	180
1 c. à thé (4 mL) de sel	0
Pincée de poivre	0
2 tasses (500 mL) de jus de tomate	90

1. Identique.
2. Identique.
3. Identique.
4. Identique.
5. Identique.

Rendement: 4 portions de 1 tasse (250 mL)

142 calories/portion

Variantes

1. On peut remplacer le jus de tomate par du jus de légumes.
2. On peut remplacer le jus de tomate par de la purée de légumes: carottes, céleri, champignons, asperges.

Soufflé au fromage

Recette originale

4 c. à table (60 mL) de beurre ou de margarine	400
4 c. à table (60 mL) de farine tout-usage	97
1 tasse (250 mL) de lait entier	160
4 oz (115 g) de cheddar râpé	464
4 jaunes d'oeufs bien battus	240
4 blancs d'oeufs, en neige ferme	60
Sel et poivre au goût	0
Pincée de cayenne	0
Flocons de persil	0

1. Faire fondre le beurre au bain-marie. Ajouter la farine et *bien mélanger*.
2. Ajouter graduellement le lait en brassant sans arrêt jusqu'à épaississement.
3. Ajouter le fromage, la cayenne, le sel et le poivre, et faire cuire au bain-marie en remuant jusqu'à ce que le fromage soit fondu.
4. Retirer du feu. Laisser tiédir un peu.
5. Ajouter les jaunes d'oeufs et bien mélanger.
6. Incorporer les blancs d'oeufs en pliant le mélange.
7. Verser dans un plat à soufflé ou dans un plat allant au four, graissé. Saupoudrer de persil.
8. À l'aide d'un couteau, faire un cercle de 1 pouce (2,5 cm) de profondeur à 2 pouces (5 cm) du bord.
9. Faire souffler à 350°F (175°C) pendant 60 minutes.

Rendement: 6 portions

237 calories/portion

Recette modifiée

2 c. à table (30 mL) de beurre ou de margarine	200
4 c. à table (60 mL) de farine tout-usage	97
1 tasse (250 mL) de lait écrémé	90
4 oz (115 g) de fromage écrémé, râpé	204
4 jaunes d'oeufs bien battus	240
4 blancs d'oeufs, en neige ferme	60
Sel et poivre au goût	0
Pincée de cayenne	0
Flocons de persil	0

1. Identique.
2. Identique.
3. Identique.
4. Identique.
5. Identique.
6. Identique.
7. Identique.
8. Identique.
9. Identique.

Rendement: 6 portions

148 calories/portion

Variante

1. On peut ajouter des morceaux de jambon ou de poulet, ou du brocoli haché ou des épinards hachés après l'étape numéro 3.

Flan

Recette originale

2 oeufs	160
2 tasses (500 mL) de lait entier	320
1/3 tasse (75 mL) de sucre	257
Pincée de sel	0
1 c. à thé (4 mL) d'essence de vanille	0

1. Faire frémir le lait.
2. À l'aide d'une fourchette, battre légèrement les oeufs. Ajouter le sucre, le sel et l'essence de vanille, et brasser.
3. Ajouter peu à peu le lait frémi en remuant sans arrêt.
4. Passer au tamis et verser dans des moules à cossetarde.
5. Faire pocher au four à 350°F (175°C) 40 à 45 minutes ou jusqu'à ce que le mélange soit ferme.
6. Retirer du four et plonger immédiatement les moules dans l'eau froide pour arrêter la cuisson.
7. Décoller le flan du bord du moule à l'aide d'un petit couteau et démouler avant de servir, si désiré.

Rendement: 4 portions de 1/2 tasse (125 mL)

184 calories/portion

Recette modifiée

2 oeufs	160
2 tasses (500 mL) de lait écrémé	180
2 c. à table (30 mL) de sucre	90
Pincée de sel	0
1 c. à thé (4 mL) d'essence de vanille	0

1. Identique.
2. Identique.
3. Identique.
4. Identique.
5. Identique.
6. Identique.
7. Identique.

Rendement: 4 portions de 1/2 tasse (125 mL)

108 calories/portion

Variantes

1. À l'érable — Remplacer le sucre par du sirop d'érable.

2. Au miel — Remplacer le sucre par du miel.

3. Au rhum — Remplacer l'essence de vanille par de l'essence de rhum.

Sauce brune

Recette originale

1/4 tasse (60 mL) de beurre ou de margarine	400
2 c. à table (30 mL) de carotte râpée	6
2 c. à table (30 mL) d'oignon haché	7
1 feuille de laurier	0
4 clous de girofle	0
1/4 tasse (60 mL) de farine tout-usage	97
2 tasses (500 mL) de bouillon de boeuf (consommé)	60
Sel et poivre au goût	0

1. Faire fondre le beurre dans une casserole.
2. Ajouter les carottes, les oignons, la feuille de laurier et les clous de girofle. Cuire à feu doux jusqu'à ce que les oignons soient transparents.
3. Ajouter la farine en brassant et cuire jusqu'à ce qu'elle soit dorée.
4. Verser graduellement le bouillon et cuire en brassant jusqu'à épaississement.
5. Ajouter le sel et le poivre.
6. Passer au tamis et servir avec des viandes (bifteck, boeuf haché, pain de viande, foie ou rôti de boeuf).

Rendement: 2 tasses (500 mL)

71 calories/1/4 de tasse (60 mL)

Recette modifiée

Omettre le beurre ou la margarine	0
2 c. à table (30 mL) de carotte râpée	6
2 c. à table (30 mL) d'oignon haché	7
1 feuille de laurier	1
4 clous de girofle	0
1/4 tasse (60 mL) de farine grillée	97
2 tasses (500 mL) de bouillon de boeuf (consommé)	60
Sel et poivre au goût	0

1. Omettre cette étape.
2. Faire chauffer le bouillon de boeuf. Ajouter les carottes, les oignons, la feuille de laurier et les clous de girofle, et cuire à feu doux jusqu'à ce que les oignons soient transparents.
3. Délayer la farine grillée dans 1/4 de tasse (60 mL) d'eau froide et ajouter peu à peu au bouillon de boeuf en remuant sans arrêt jusqu'à épaississement. Saler et poivrer.
4. Passer au chinois et servir avec des viandes (bifteck, boeuf haché, pain de viande, foie, rôti de boeuf).

Rendement: 2 tasses (500 mL)

21 calories/1/4 de tasse (60 mL)

Variante

1. On peut remplacer le bouillon de boeuf par du bouillon de poulet si l'on veut servir cette sauce avec de la volaille.

Sauce Newburg

Recette originale

2 c. à table (30 mL) de beurre ou de margarine	200
2 c. à table (30 mL) de farine tout-usage	48
2 tasses (500 mL) de crème 15%	414
4 jaunes d'oeufs battus	240
1/4 tasse (60 mL) de xérès (sherry sec)	84
Sel et poivre au goût	0

1. Faire fondre le beurre au bain-marie.
2. Ajouter la farine. *Bien mélanger* et laisser cuire quelques minutes.
3. Ajouter la crème et brasser sans arrêt sur feu doux jusqu'à épaississement.
4. Ajouter graduellement le mélange chaud aux jaunes d'oeufs.
5. Remettre au bain-marie et cuire deux minutes de plus.
6. Au moment de servir, ajouter le xérès, le sel et le poivre.
7. Servir sur des filets de poisson ou sur des fruits de mer tels que crevettes et pétoncles.

Rendement: 2 1/2 tasses (625 mL)

197 calories/1/2 tasse (125 mL)

Recette modifiée

1 c. à table (15 mL) de beurre ou de margarine	100
2 c. à table (30 mL) de farine tout-usage	48
2 tasses (500 mL) de lait écrémé	180
4 jaunes d'oeufs battus	240
1/4 de tasse (60 mL) de xérès (sherry sec)	84
Sel et poivre au goût	0

1. Identique.
2. Identique.
3. Ajouter le lait et cuire sur feu doux en brassant sans arrêt jusqu'à épaississement.
4. Identique.
5. Identique.
6. Identique.
7. Identique.

Rendement: 2 1/2 tasses (625 mL)
130 calories/1/2 tasse (125 mL)

Casserole de crevettes au gratin

Recette originale

1/4 tasse (60 mL) de beurre ou de margarine	400
1/2 lb (250 g) de champignons tranchés	51
1 1/2 tasse (375 mL) de crevettes cuites	150
1 1/2 tasse (375 mL) de riz cuit	239
1 1/2 tasse (375 mL) de cheddar râpé (6 oz ou 170 g)	696
1/2 tasse (125 mL) de lait entier	80
3 c. à table (45 mL) de ketchup	45
1/2 c. à thé (2 mL) de sauce Worcestershire	2
1/2 c. à thé (2 mL) de sel	0

1. Faire fondre le beurre dans un grand poêlon. Ajouter les champignons et cuire 10 minutes.
2. Ajouter tous les autres ingrédients. Bien mélanger et verser dans un plat graissé allant au four.
3. Cuire à 350°F (175°C) de 20 à 30 minutes.

Rendement: 6 portions de 1 tasse (250 mL)

277 calories/portion

Recette modifiée

Omettre le beurre	0
1 tasse (250 mL) de champignons en conserve, égouttés	51
1 1/2 tasse (375 mL) de crevettes cuites	150
1 1/2 tasse (375 mL) de riz cuit	239
1 1/2 tasse (375 mL) de fromage au lait écrémé, râpé (6 oz ou 170 g)	306
1/2 tasse (125 mL) de lait écrémé	45
3 c. à table (45 mL) de ketchup	45
1/2 c. à thé (2 mL) de sauce Worcestershire	2
1/2 c. à thé (2 mL) de sel	0

1. Omettre cette étape.
2. Mélanger tous les ingrédients dans un bol et verser dans un plat graissé allant au four.
3. Identique.

Rendement: 6 portions de 1 tasse (250 mL)

140 calories/portion

Variante

1. On peut remplacer les crevettes par du saumon ou du thon.
2. On peut ajouter d'autres légumes à la recette, si désiré: céleri, poivron vert, oignons, oignons verts.
3. On peut remplacer le ketchup par de la sauce chili.

Salade de saumon et de riz

Recette originale

15 1/2 oz (435 g) de saumon égoutté	660
2 tasses (500 mL) de riz cuit	370
1/2 tasse (125 mL) de petits pois	88
1/2 tasse (125 mL) de tomates en conserve, égouttées	25
1/2 tasse (125 mL) de champignons tranchés	25
1/4 tasse (60 mL) d'oignons verts émincés	10
1 c. à table (15 mL) d'huile de maïs	125
1 c. à table (15 mL) de jus de citron	5
1/4 c. à thé (1 mL) de sel d'ail	0
3/4 tasse (185 mL) de mayonnaise	1320

1. Mélanger tous les ingrédients.
2. Réfrigérer jusqu'au moment de servir.

Rendement: 6 portions de 1 tasse (250 mL)

438 calories/portion

Recette modifiée

15 1/2 oz (435 mg) de saumon égoutté	660
2 tasses (500 mL) de riz cuit	370
1/2 tasse (125 mL) de petits pois	88
1/2 tasse (125 mL) de tomates en conserve, égouttées	25
1/2 tasse (125 mL) de champignons tranchés	25
1/4 tasse (60 mL) d'oignons verts émincés	10
Omettre l'huile de maïs	0
1 c. à table (15 mL) de jus de citron	5
1/4 c. à thé (1 mL) de sel d'ail	0
3/4 tasse (185 mL) de crème de céleri, non diluée	116

1. Identique.
2. Identique.

N.B. Se conserve mieux que la recette originale, car elle ne contient pas de mayonnaise.

Rendement: 6 portions de 1 tasse (250 mL)

217 calories/portion

Variantes

1. On peut employer d'autres légumes que ceux utilisés dans la recette tels que: céleri, poivron vert ou rouge, oignons.

2. On peut remplacer le saumon par du thon, des crevettes ou du poulet.

3. On peut remplacer la crème de céleri par de la crème d'asperges.

Carrés aux dattes

Recette originale

Pâte

1 1/2 tasse (375 mL) de flocons d'avoine	468
1/2 tasse (125 mL) de farine tout-usage	193
1/4 tasse (60 mL) de noix hachées	400
1 tasse (250 mL) de cassonade bien tassée	820
1/2 c. à thé (2 mL) de sel	0
1/2 c. à thé (2 mL) de poudre à pâte	0
3/4 tasse (185 mL) de beurre ou margarine fondu	1200

Garniture

2 tasses (500 mL) de dattes hachées	1000
1/2 tasse (125 mL) de sucre	385
1 tasse (250 mL) d'eau	0

1. Mélanger tous les ingrédients de la pâte. Presser la moitié du mélange au fond d'un moule carré de 9 pouces (22 cm).
2. Faire cuire les dattes avec l'eau et le sucre jusqu'à ce que la préparation épaississe.
3. Retirer du feu et étaler sur la pâte.
4. Recouvrir avec le reste du mélange de pâte en pressant bien.
5. Cuire 30 minutes à 350°F (175°C).
6. Laisser tiédir et couper en carrés.

Rendement: 16 carrés

219 calories/carré

Recette modifiée

Pâte

1 1/2 tasse (375 mL) de flocons d'avoine	468
1/2 tasse (125 mL) de farine de blé entier	200
1/4 tasse (60 mL) de germe de blé	124
1/3 tasse (75 mL) de cassonade bien tassée	273
1/2 c. à thé (2 mL) de sel	0
1/2 c. à thé (2 mL) de poudre à pâte	0
1/2 tasse (125 mL) de beurre ou de margarine fondu	800
2 tasses (500 mL) de dattes hachées	1000
1 c. à thé (4 mL) de vanille	0
1 tasse (250 mL) d'eau	0

1. Identique.
2. Faire cuire les dattes dans l'eau jusqu'à ce que la préparation épaississe. Ajouter la vanille.
3. Identique.
4. Identique.
5. Identique.
6. Identique.

Rendement: 16 carrés

179 calories/carré

Roulés au jambon et aux asperges

Recette originale

8 fines tranches de jambon	492
1 paquet de 10 oz (285 g) d'asperges surgelées	56
8 oz (225 g) de fromage jaune à tartiner	840
1/2 tasse (125 mL) de lait entier	80
1 c. à table (15 mL) de poivron vert, haché	2

1. Faire cuire les asperges à découvert dans un peu d'eau bouillante environ 5 minutes pour conserver leur couleur. Égoutter.
2. Déposer 3 ou 4 asperges au centre de chaque tranche de jambon et rouler.
3. Déposer dans un plat de service et garder au chaud.
4. Pendant ce temps, couper le fromage en cubes et déposer dans la partie supérieure du bain-marie. Chauffer à feu doux en remuant pour que le fromage fonde.
5. Lorsque la sauce au fromage est lisse, verser sur les roulés au jambon et aux asperges.
6. Servir aussitôt.

Rendement: 4 portions de 2 roulés chacune

368 calories/portion

Recette modifiée

8 fines tranches de jambon	492
1 paquet de 10 oz (285 g) d'asperges surgelées	56
8 oz (225 g) de fromage jaune au lait écrémé	408
1/2 tasse (125 mL) de lait écrémé	45
1 c. à table (15 mL) de poivron vert, haché	2

1. Identique.
2. Identique.
3. Identique.
4. Identique.
5. Identique.
6. Identique.

Rendement: 4 portions de 2 roulés chacune

251 calories/portion

Variante

1. On peut remplacer les asperges par du brocoli.

Aspic au thon

Recette originale

2 sachets de gélatine non aromatisée	70
1/4 tasse (60 mL) d'eau froide	0
2/3 tasse (170 mL) de mayonnaise	1173
2 c. à table (30 mL) de sauce chili	30
2 c. à table (30 mL) de jus de citron	10
1/2 c. à thé (2 mL) de sel	0
2 tasses (500 mL) de thon, bien égoutté	708
1/2 tasse (125 mL) de céleri haché	8
1/4 tasse (60 mL) de poivron vert haché	9
1/4 tasse (60 mL) d'olives farcies, hachées	60
2 c. à table (30 mL) d'oignon haché	7

1. Faire gonfler la gélatine dans l'eau froide et faire dissoudre au bain-marie.
2. Ajouter la mayonnaise, la sauce chili, le jus de citron et le sel.
3. Mélanger le thon, le céleri, le poivron vert, les olives et l'oignon, et incorporer en pliant dans la gélatine.
4. Verser dans un moule pour aspic ou dans des moules individuels.
5. Laisser prendre au réfrigérateur et démouler sur des feuilles de laitue. Garnir de quartiers de citron.

Rendement: 6 portions de 3/4 tasse (185 mL)

346 calories/portion

Recette modifiée

2 sachets de gélatine non aromatisée	70
1/4 tasse (60 mL) d'eau froide	0
2/3 tasse (170 mL) de yogourt nature écrémé	67
2 c. à table (30 mL) de sauce chili	30
2 c. à table (30 mL) de jus de citron	10
1/2 c. à thé (2 mL) de sel	0
2 tasses (500 mL) de thon, bien égoutté	708
1/2 tasse (125 mL) de céleri haché	8
1/4 tasse (60 mL) de poivron vert haché	9
1/4 tasse (60 mL) de poivron rouge haché	10
2 c. à table (30 mL) d'oignon haché	7

1. Identique.
2. Ajouter le yogourt, la sauce chili, le jus de citron et le sel.
3. Mélanger le thon, le céleri, le poivron vert, le poivron rouge et l'oignon et incorporer en pliant dans la gélatine.
4. Identique.
5. Identique.

Rendement: 6 portions de 3/4 tasse (185 mL)

153 calories/portion

Variante

1. Peut se faire aussi avec du saumon.
2. On peut remplacer la sauce chili par du ketchup.

Conclusion

Vous souvenez-vous du Contrat-Minceur que vous aviez signé au début de ce livre? Relisez-le afin de vous remémorer les engagements que vous aviez pris. Avez-vous respecté les clauses du contrat? Si oui, vous pouvez signer le certificat de santé qui se trouve à la page suivante. Si non, continuez de faire des efforts pour atteindre le but que vous vous êtes fixé. Lorsque vous y serez arrivé, signez votre certificat de santé; vous l'aurez bien gagné! Souvenez-vous que ce n'est pas le temps que cela prend qui compte, mais le temps que ça dure.

Une fois que vous serez parvenu au but, il faudra veiller à ne pas reprendre le poids perdu. Continuez d'aller au supermarché Silhouette pour faire vos provisions, mais en quantités moins limitées. Augmentez légèrement vos portions selon vos activités et votre appétit. Toutefois, n'oubliez pas que la pâtisserie-confiserie reste fermée à clef. Efforcez-vous de mettre en pratique les conseils relatifs aux repas pris à l'extérieur et souvenez-vous que les occasions qui n'arrivent qu'une fois par année sont très nombreuses. Continuez d'utiliser les recettes modifiées qui vous ont été proposées et modifiez également vos propres recettes.

Voici venue l'heure de fermeture du supermarché Silhouette. Bonne chance et merci de votre visite.

Certificat de santé

Ceci atteste que

M., Mme ou Mlle .... (signez ici)
reçoit avec grand mérite ce certificat de santé pour avoir perdu ......
(livres ou kilos) en suivant le régime équilibré du supermarché Silhouette et en mettant en pratique les conseils qui lui ont été donnés
dans ce livre.

Ce certificat est décerné au titulaire avec toute l'admiration qui lui
est due.

En foi de quoi, le soussigné remet avec grande joie
cette preuve de courage et de volonté.

Denyse Hunter dt.p.

Denyse Hunter, diététiste

Sources d'information

Nutritive Value of Convenience Foods,
Rezabek, K.,
West Suburban Dietetic Association, 1979

Valeur nutritive des aliments,
Brault Dubuc, M., et Caron Lahaie, L.,
Centre de recherches sur la croissance humaine,
Département de nutrition, Université de Montréal, 1978

Valeur nutritive de quelques aliments usuels,
Santé et Bien-être social Canada
Édition révisée, 1979

Manuel de régimes alimentaires,
Corporation professionnelle des diététistes du Québec, Fidès 1977

Composition of Foods, Raw, Processed and Prepared,
Agriculture Handbook No. 8,
USDA, 1963

Art culinaire,
Hazell Bennet,
Département de nutrition, Université de Montréal

Programme de cours "Maigrir en santé"
Commission régionale Pascal-Taché et Denyse Hunter, 1980

Standards de nutrition au Canada,
Santé et Bien-être social Canada,
Ottawa, 1975

Le manuel du guide alimentaire canadien,
Santé et Bien-être social Canada 1980

Table des matières

Achevé d'imprimer sur les presses de

L'IMPRIMERIE ELECTRA*
*Division de l'A.D.P. Inc.

pour

LES ÉDITIONS DE L'HOMME*
*Division de Sogides Ltée

Imprimé au Canada/Printed in Canada

Ouvrages parus aux ÉDITIONS DE L'HOMME

* **Pour l'Amérique du Nord seulement.**
** **Pour l'Europe seulement.**

ALIMENTATION — SANTÉ

* **Allergies, Les,** Dr Pierre Delorme
* **Apprenez à connaître vos médicaments,** René Poitevin
* **Art de vivre en bonne santé, L',** Dr Wilfrid Leblond
* **Bien dormir,** Dr James C. Paupst
* **Bien manger à bon compte,** Jocelyne Gauvin
* **Boîte à lunch, La,** Louise Lambert-Lagacé
* **Cellulite, La,** Dr Gérard J. Léonard
Comment nourrir son enfant, Louise Lambert-Lagacé
Congélation des aliments, La, Suzanne Lapointe
* **Conseils de mon médecin de famille, Les,** Dr Maurice Lauzon
* **Contrôlez votre poids,** Dr Jean-Paul Ostiguy
* **Desserts diététiques,** Claude Poliquin
* **Diététique dans la vie quotidienne, La,** Louise Lambert-Lagacé
En attendant notre enfant, Yvette Pratte-Marchessault
* **Face-lifting par l'exercice, Le,** Senta Maria Rungé

* **Femme enceinte, La,** Dr Robert A. Bradley
* **Guérir sans risques,** Dr Émile Plisnier
* **Guide des premiers soins,** Dr Joël Hartley
Maigrir, un nouveau régime... de vie, Edwin Bayrd
* **Maman et son nouveau-né, La,** Trude Sekely
** **Mangez ce qui vous chante,** Dr Leonard Pearson et Dr Lillian Dangott
* **Médecine esthétique, La,** Dr Guylaine Lanctôt
Menu de santé, Louise Lambert-Lagacé
* **Pour bébé, le sein ou le biberon,** Yvette Pratte-Marchessault
* **Pour vous future maman,** Trude Sekely
* **Recettes pour aider à maigrir,** Dr Jean-Paul Ostiguy
Régimes pour maigrir, Marie-José Beaudoin
* **Soignez-vous par le vin,** Dr E.A. Maury
Sport — santé et nutrition, Dr Jean-Paul Ostiguy

ART CULINAIRE

* **Agneau, L',** Jehane Benoit
* **Art d'apprêter les restes, L',** Suzanne Lapointe
Art de la cuisine chinoise, L', Stella Chan
* **Bonne table, La,** Juliette Huot
* **Brasserie la mère Clavet vous présente ses recettes, La,** Léo Godon
* **Canapés et amuse-gueule**

* **Cocktails de Jacques Normand, Les,** Jacques Normand
* **Confitures, Les,** Misette Godard
Conserves, Les, Soeur Berthe
* **Cuisine aux herbes, La,**
* **Cuisine chinoise, La,** Lizette Gervais
* **Cuisine de maman Lapointe, La,** Suzanne Lapointe
* **Cuisine de Pol Martin, La,** Pol Martin

DOCUMENTS — BIOGRAPHIES

ENCYCLOPÉDIES

LANGUE *

LITTÉRATURE *

LIVRES PRATIQUES — LOISIRS

PHOTOGRAPHIE — CINÉMA

8/super 8/16, André Lafrance
Apprenez la photographie avec Antoine Desilets, Antoine Desilets
Apprendre la photo de sport, Denis Brodeur
* **Chaînes stéréophoniques, Les,** Gilles Poirier
* **Chasse photographique, La,** Louis-Philippe Coiteux
Ciné-guide, André Lafrance
Découvrez le monde merveilleux de la photographie, Antoine Desilets
Je développe mes photos, Antoine Desilets

Je prends des photos, Antoine Desilets
Photo à la portée de tous, La, Antoine Desilets
Photo de A à Z, La, Desilets, Coiteux, Gariépy
Photo-guide, Antoine Desilets
Photo reportage, Alain Renaud
Technique de la photo, La, Antoine Desilets
Vidéo et super-8, André A. Lafrance et Serge Shanks

PLANTES — JARDINAGE *

Arbres, haies et arbustes, Paul Pouliot
Culture des fleurs, des fruits et des légumes, La
Dessiner et aménager son terrain
Guide complet du jardinage, Le, Charles L. Wilson
Jardinage, Le, Paul Pouliot
Jardin potager, Le — La p'tite ferme, Jean-Claude Trait

Je décore avec des fleurs, Mimi Bassili
Plantes d'intérieur, Les, Paul Pouliot
Techniques du jardinage, Les, Paul Pouliot
Terrariums, Les, Ken Kayatta et Steven Schmidt
Votre pelouse, Paul Pouliot

PSYCHOLOGIE — ÉDUCATION

* **Âge démasqué, L',** Hubert de Ravinel
Aider son enfant en maternelle et en 1ère année, Louise Pedneault-Pontbriand
Aidez votre enfant à lire et à écrire, Louise Doyon-Richard
Amour de l'exigence à la préférence, L', Lucien Auger
* **Caractères et tempéraments,** Claude-Gérard Sarrazin
* **Caractères par l'interprétation des visages, Les,** Louis Stanké
Comment animer un groupe, Collaboration
Comment déborder d'énergie, Jean-Paul Simard
* **Comment vaincre la gêne et la timidité,** René-Salvator Catta
Communication dans le couple, La, Luc Granger
Communication et épanouissement personnel, Lucien Auger

* **Complexes et psychanalyse,** Pierre Valinieff
Contact, Léonard et Nathalie Zunin
* **Cours de psychologie populaire,** Fernand Cantin
Découvrez votre enfant par ses jeux, Didier Calvet
* **Dépression nerveuse, La,** En collaboration
Développement psychomoteur du bébé, Le, Didier Calvet
* **Développez votre personnalité, vous réussirez,** Sylvain Brind'Amour
Douze premiers mois de mon enfant, Les, Frank Caplan
* **Dynamique des groupes,** J.-M. Aubry, Y. Saint-Arnaud
Être soi-même, Dorothy Corkille Briggs
Facteur chance, Le, Max Gunther
* **Femme après 30 ans, La,** Nicole Germain

SEXOLOGIE

SPORTS